U0932526

XINGSHI JIANCHA GONGZUO ZHIDAO

刑事检察工作指导

2025年第1辑 · 总第25辑

主　编／史卫忠

主　办／最高人民检察院普通犯罪检察厅、重大犯罪检察厅、职务犯罪检察厅、经济犯罪检察厅

中国检察出版社

图书在版编目（CIP）数据

刑事检察工作指导 . 2025 年 . 第 1 辑 / 史卫忠主编 . 北京 : 中国检察出版社 , 2025. -- ISBN 978-7-5102-2419-5

Ⅰ . D925.204

中国国家版本馆 CIP 数据核字第 2025XR6435 号

刑事检察工作指导（2025 年第 1 辑）

史卫忠 主编

责任编辑：王 欢

技术编辑：王英英

美术编辑：徐嘉武

出版发行：中国检察出版社

社 址：北京市石景山区香山南路 109 号（100144）

网 址：中国检察出版社（www.zgjccbs.com）

编辑电话：（010）86423780

发行电话：（010）86423726 86423727 86423728
（010）86423730 86423732

经 销：新华书店

印 刷：河北宝昌佳彩印刷有限公司

开 本：710 mm × 960 mm 16 开

印 张：14.5

字 数：171 千字

版 次：2025 年 6 月第一版 2025 年 6 月第一次印刷

书 号：ISBN 978-7-5102-2419-5

定 价：60.00 元

《刑事检察工作指导》
编 委 会

《刑事检察工作指导》特邀编辑

目　录

【典型案例】

Benji Tegao

本辑特稿

加强刑事抗诉工作　提升审判监督质效

苗生明*

刑事抗诉是检察机关开展刑事审判监督的基本方式和重要手段。2021年6月，党中央印发的《中共中央关于加强新时代检察机关法律监督工作的意见》要求“综合运用抗诉、纠正意见、检察建议等监督手段，及时纠正定罪量刑明显不当、审判程序严重违法等问题”。近年来，全国检察机关在刑事抗诉工作中坚持“强化监督”“精准监督”“接续监督”部署要求，依法履行刑事审判监督职能，在维护司法公正、保证法律统一正确实施等方面发挥了积极作用。与此同时，刑事抗诉工作也面临新形势和新问题。例如，随着认罪认罚从宽制度全面适用，检法量刑认识日趋一致，量刑畸轻畸重类可抗诉案件变少；监督理念不到位，监督能力不足，对疑难争议案件监督韧性不强，存在应抗未抗、抗后撤回较多的情形；判决裁定审查机制不够健全，二审抗诉和再审抗诉并重意识不强，导致抗诉线索来源狭窄；刑事再审检察建议等监督方式运用不够规范、充分；等等。这些问题，都需要我们在总结实践经验的基础上认真加以解决，以切实加强审判监督职能建设。在2024年11月召开的全国检察机关刑事检察工作会议上，最高人民检察院检察长应勇强调，刑事审判监督要进一步加大力度，提升监督针对性，增强监督实效性。要加强刑事裁判结果监督。应勇

* 苗生明，最高人民检察院党组成员、副检察长、检察委员会委员，二级大检察官。

检察长的讲话对刑事审判监督工作提出了更高的标准和要求，为下一步开展工作提供了方向指引和基本遵循。高质效办好每一个抗诉案件，强化刑事审判监督工作，要注重做好三个方面工作。

一、聚焦职能定位，不断深化对刑事抗诉工作重要性规律性的认识

应勇检察长强调："法律监督是检察机关的立身之本！"刑事检察全过程参与、全流程监督刑事诉讼，是检察机关的基本职能，是中国特色刑事司法制度优越性的重要体现，是追诉犯罪、维护稳定、保障人权、守护公正的重要力量。刑事审判监督是检察机关法律监督职能的重要组成部分，承担着维护司法公正，确保法律统一正确实施的使命和责任。各级检察机关要切实提高对刑事抗诉工作重要性的认识，既依法惩治各类刑事犯罪，维护社会和谐稳定，又依法保障诉讼参与人的合法权益，综合运用包括抗诉在内的多种刑事审判监督手段，强化审判监督，促进刑事裁判结果的公平公正。

在具体工作中，要处理好以下几个关系。

（一）正确处理指控犯罪与诉讼监督的关系

指控犯罪与诉讼监督是刑事检察的两项基本职能，二者相互依存、相互促进。要克服"重办案、轻监督"的思想认识和习惯倾向，坚持"在办案中监督、在监督中办案"，融监督于办案之中，依托办案发现问题，通过监督纠正错误，全面履行检察机关在刑事诉讼中应当承担的监督职责。要把刑事审判监督放在与批捕、起诉同等重要的位置，在依法指控犯罪的同时，加强对刑事审判活动是否合法、判决裁定是否正确的法律监督，对审查认为符合抗诉条件的案件，应当依法提出抗诉。对于法院未采纳检察机关正确指控意见，导致轻罪重判、

重罪轻判、有罪判无罪的，应当依法提出抗诉。对于因检察机关不当起诉，导致法院作出错误裁判的，也要秉持客观公正立场，依法履行监督职责予以监督纠正。对于法院判决采纳检察机关不利于被告人的指控或量刑建议，导致无罪判有罪、轻罪判重罪等情形，检察机关发现指控或者量刑建议确实明显不当的，为维护被告人合法权益，检察机关应通过二审抗诉或者再审抗诉程序予以纠正。对于法院判决采纳检察机关提出的有利于被告人的指控或量刑建议，导致重罪轻判，检察机关发现指控罪名错误或者量刑明显不当的，由于大多适用了认罪认罚从宽制度，诉前签署了认罪认罚具结书，检察机关再予以抗诉有违认罪认罚从宽制度的诉讼原理。但是，检察机关可以从审判监督角度，建议法院通过审判监督程序予以纠正；因罪行严重或者对被害人、公共利益造成严重影响等情形的，检察机关也可以提出审判监督抗诉，最终维护司法公正与公信。需要强调的是，对于上述错误指控或者量刑建议，检察机关应当通过案件评查、反向审视等方式，查清案件审查办理中的问题，分析问题根源和责任，依照有关规定严格落实司法责任制。

（二）正确处理抗诉质量与数量的关系

应勇检察长指出，要把“有质量的数量”和“有数量的质量”统筹在更加注重质量上。要把抗诉质量放在第一位，“高质量”的抗诉数量越多，表明我们监督力度越大，监督成效越好，这是我们追求的目标。应当说，各地抗诉工作开展得还不平衡、不充分，亟待深化拓展。实践表明，抗诉工作还有很大的可挖掘空间，北京、江苏、浙江等地检察机关运用刑事审判监督模型实现抗诉案件同比较大增长；上海通过“数字 + 人工”交叉审查、提级审查等专项行动，提升监督针对性，刑事抗诉率短期内翻倍增长。要注重把握刑事抗诉的必要性条件，对于虽有错误，但是能够通过检察建议、纠正违法、口头监督纠正等监督方式进行纠正的刑事裁判，不能为了一味追求刑事抗诉数量而一律提出抗诉。要认真落实最高检“一取消三不再”的决定，研究如何通过加强抗诉工作的“三个管理”，如何科学评价和提升抗诉工作质效。既要注重提出抗诉的质量，重视案件是否达到改判的结果；也要认识到案件是否改判不是衡量抗诉质量的唯一标准，对法院未改判的案件，要具体分析未改判的原因，结合抗诉理由是否充分、上级检察院是否支持等因素进行综合评判。工作中要及时研判分析本地区抗诉率、采纳率数据背后反映的抗诉工作趋势或问题，有针对性地提出解决对策措施。

（三）正确处理实体监督与程序监督的关系

程序公正和实体公正同等重要，做实高质效办好每一个抗诉案件，既要在实体上确保实现公平正义，又要在程序上让公平正义更好更快实现。对于刑事审判监督工作来说，要坚持实体监督与程序监督并重，不能偏废。既要加强对刑事判决、裁定的监督，保证裁判结果的公正，又要加强对审判过程中违反法定诉讼程序的监督，保证审判程序公正、高效。实践中，有的地方更注重对认定事实或采信证据确有错误，导致定罪量刑明显不当或者适用法律错误等实体问题的监督，对程序问题的监督不够重视。程序公正是实体公正的保障，对于一些严重违反法定诉讼程序，影响公正裁判的案件，要一并引起重视，当抗则抗。例如，某交通肇事抗诉案，二审法院在被告人以量刑过重为由上诉、检察机关以同样事由抗诉的情况下，明显加重被告人刑罚，违反了上诉不加刑原则，检察机关提出审判监督程序抗诉，最终在解决程序违法问题的同时也解决了实体量刑不当的问题。检察机关要强化程序监督意识，通过抗诉维护法治原则，确立与法律精神相符合的程序规则，为今后类案办理提供指引。当然，对于审判活动违反法定诉讼程序的监督方式，要注意区分情形，其严重程度不足以影响公正裁判的，如，采信未经庭审质证的证据，但尚不影响定罪量刑的；法院延迟立案、久审不决等审判程序严重违法问题；或者裁判文书存在技术性差错，但未影响案件实质性结论等情形，也应进行监督纠正，方式上一般不需要提出抗诉，可以通过口头监督、纠正违法意见书、检察建议等方式。

（四）正确处理个案监督与类案监督的关系

个案监督是诉讼监督的基本方式。在做好个案监督工作的同时，要注重加强和推动类案监督，发挥类案监督的集成效应，实现高质量的数量，实现个案办理高质效与整体监督履职高质效的有机统一。一方面，注重从个案中梳理总结共性、普遍性的问题，深挖发现审判活动中常见多发类案问题、突出问题，通过检察建议等方式一并提出监督纠正意见，促进整体整改完善；另一方面，当前大数据法律监督模型、智能辅助办案系统等新技术的应用，大大拓展了类案监督线索。最高检2024年部署开展刑事审判监督智能辅助办案系统试点工作，通过强化大数据赋能刑事抗诉工作，促进类案问题的解决，实现由个案监督到类案监督的拓展，效果比较明显。

二、把握实践要求，高质效办好每一个刑事抗诉案件

高质效办好每一个抗诉案件和抗诉工作的每一个环节，要重点做好以下几个方面工作。

（一）坚持强化监督

一是完善对“诉判不一”案件的审查模式，提升抗诉监督的针对性。健全逐案审查、交叉检查、重点评查等工作机制，对确有错误的

裁判依法提出抗诉。近一个时期，“诉判不一”案件数量成倍上升，一方面，需要认真研究检法机关在法律适用上的分歧点，加强研究沟通，最大限度消弭认识分歧，有效解决类案法律适用问题；另一方面，要加强对“诉判不一”原因的研究，这既可能是我们自身法律适用的问题，也可能是某一个地方法院审判上的问题。如果认为法院因适用法律错误导致错误判决，检察机关就应当提出抗诉，上级检察院要支持抗诉，以求通过上级检察院抗诉程序纠正错误判决、维护法律正确实施。这是这一类抗诉案件的意义所在，各级检察院应当重视，由此抗源可能大幅增加，审判监督的力度和效果也会体现出来。当然，如果检察机关在法律适用问题上确实存在不当，就要尊重法院判决意见，及时予以纠正。二是更加注重抗诉的及时性。当前，二审抗诉占抗诉案件总数的绝大部分，说明各地更加注重抗诉的及时性，有利于更好更快维护司法公正。当然，强调二审抗诉的及时性，并不否认再审抗诉的必要性，对于裁判生效后发现确有错误符合抗诉条件的，也应依法提出再审抗诉。一般而言，能够通过二审抗诉予以纠正的要及时提出抗诉，不要等到当事人来申诉时再抗诉。三是注重从控告申诉案件中发现抗诉线索。控告申诉是检察机关履行法律监督职责的“富矿”，刑事申诉是发现冤错案件的重要途径。要注重从申诉案件中挖掘审判监督案源和监督线索。最高检向最高人民法院抗诉的胡某某、廖某某强奸案和辛龙故意杀人案均是通过办理申诉案件发现问题、提出抗诉，前者经再审被改判无罪，后者由无罪改判死缓。刑事检察部门要坚持“全面审查原则”，加强对刑事申诉案件的审查。不仅要审查原案全部卷宗，也要注重开展调查核实、补强证据、听取当事人意见等工作。经复查认为符合抗诉条件的，按照审判监督程序依法向法院提出抗诉。对于按照审判监督程序提出抗诉的案件，要注重抗诉的必要性和精准性，注意审判监督程序抗诉与二审程序抗诉标准的区别，要从维护生效裁判既判力角度，更加严格把握审判监督程序抗诉标准。对于已生效裁判在认定事实或者采信证据存在一定争议但没有明显错误的，适用法律上存在重大争议的，一般不宜提出抗诉。从审判监督程序抗诉实践看，因发现新证据足以推翻原审判决或原判决在采信证据或适用法律上有明显错误的，再审法院一般会采纳抗诉意见。在纠防冤错案件的同时，配合控告申诉检察部门做好反向审视工作，及时反思检察机关在履职办案中存在的问题和不足，督促检察官严格依法公正规范司法。

（二）坚持精准监督

一是着力提升监督方式的精准性。根据刑事审判违法和瑕疵的不同情况，合理选择和运用相应的监督手段。既要重视运用抗诉监督，也要合理运用纠正违法、检察建议、口头监督等方式以提升监督效果。运用好刑事抗诉这一主要监督方式，聚焦事实认定错误、证据采信错误导致定罪量刑明显不当、适用法律确有错误、违反法定诉讼程序严重影响公正裁判等情形，切实加大监督力度，提升监督质效。运用好刑事再审检察建议这一刑事抗诉的有益补充方式，对于审查认为生效裁判存在一定问题甚至错误，但抗诉改判确定性不强的，或者二审审理应当开庭而未开庭审理的，以及罚金刑等附加刑适用错误、数罪并罚适用错误、被告人身份信息认定错误等案件，可以采用刑事再审检察建议方式提出，由法院决定是否启动再审程序审理。对于未通知被害人及其委托代理人出席法庭，影响其依法在法庭上陈述意见的，或者未依法告知诉讼参与人权利义务，以及裁判文书未按规定时限送达等问题，可以当庭或当时提出口头监督意见，对于屡提不改的，通过制发检察建议等方式提出类案监督纠正意见。对于并不影响案件公正审判的审理程序问题，可以通过纠正审理违法意见书予以纠正。二是着力提升监督手段的实效性。要加强抗诉前后证据补证补强工作，对于抗诉理由正确但证据相对单薄的提请抗诉案件，上级检察院不应简单作出支持或者不支持抗诉决定，要积极进行证据补强，充分运用自行侦查与商公安机关补充侦查相结合的方式，补足补强抗点。最高检发布的5件以刑事抗诉为主题的第四十五批指导性案例，均进行了自行补充侦查或者补充完善证据。最高检抗诉的辛龙故意杀人案、陈某红故意杀人案、许燕运输毒品案等重大刑事案件，均通过开展补充完善证据、借助检察技术破解专业问题等工作促成改判。三是规范撤回抗诉的标准。刑事抗诉工作，抗准是第一位要求，应抗而未抗、撤回抗诉，就是不准。2024年撤回抗诉案件数量同比增长较多，一定程度上反映了抗诉的精准性有待提升。部分地区片面追求抗诉数量而忽视抗诉质量，导致撤回抗诉率大幅提升。另外，认罪认罚案件的撤回抗诉问题有其特殊性，应引起重视。上级检察院要加强指导和把关，对于下级检察院抗诉不当的案件，应依法作出撤回抗诉的决定。各级检察机关应当认真总结研究，做好撤回抗诉案件的反向审视工作，加强原因分析，规范撤回抗诉案件标准，共同提升抗诉案件质量。

（三）聚焦监督重点

检察机关既要依法抗诉，保证国家法律的统一正确实施，又要结合国家改革发展稳定大局和社会治安形势，突出刑事抗诉工作的实效性。一是关注社会各界反映强烈的司法不公案件及容易发生司法人员执法司法不公、枉法裁判的薄弱环节。在办理刑事抗诉案件中，要注意发现裁判不公背后可能存在的司法人员违法违纪问题，在纠正不公正裁判的同时，发现线索要及时移送，促进依法惩治，做好“后半篇文章”。南京市检察机关在办理一起虚假立功抗诉案件中，发现2名司法人员徇私枉法犯罪线索，移送检察侦查部门立案侦查，最终 2 人被判处有期徒刑。二是持续推动监督重点从硬伤错误型向疑难争议类拓展，切实纠正片面追求数据而导致的监督浅表化现象。对于检法认识虽然存在一定分歧，但提出抗诉有利于救济当事人权利、有利于保障法律统一正确实施的案件，既要敢抗、也要善抗。三是做好认罪认罚案件的抗诉工作。要认真落实 2021 年最高检印发的《人民检察院办理认罪认罚案件开展量刑建议工作的指导意见》关于认罪认罚案件抗诉标准和条件的规定，依法提出抗诉。实践中，需要注意的是：一方面，要强化释法说理，提出合法、恰当的量刑建议，从源头上减少无正当理由上诉。检察官在适用认罪认罚从宽制度办理案件时，应当认真听取犯罪嫌疑人、辩护人或值班律师的意见，进行全面充分地沟通，确保犯罪嫌疑人充分了解认罪认罚的法律后果，真心接受量刑建议，真诚具结，明确告知其提出上诉可能产生的法律后果，减少不必要的上诉和抗诉。另一方面，准确把握认罪认罚案件抗诉标准。关于认罪认罚案件的抗诉标准，其前提当然还是要遵循刑事诉讼法规定的抗诉条件，理论和实务中对此存在一定的误解。具体来说，对于法院采纳检察机关量刑建议作出的裁判，被告人仅以量刑过重为由提出上诉，因被告人反悔不再认罪认罚致从宽量刑明显不当的；对于检察机关量刑建议适当，法院调整依据不足导致量刑明显不当的，均可以依照刑事诉讼法规定提出抗诉。

三、多措并举，健全完善刑事抗诉工作各项配套工作机制

对于刑事抗诉工作的重视程度和推动力度，一定程度上反映出各级检察机关聚焦主责主业，回归本职本源的重视和落实程度。各级检察机关要把刑事抗诉工作放在深化检察改革的全局中去谋划、推动。

（一）加强组织领导，强化部门责任

一是高度重视刑事抗诉工作，充分发挥“统一牵头、专人研究、类案指导、条线指导和个案指导相结合”的刑事审判监督业务指导机制作用，在刑事检察工作指导小组统筹下，重罪检察部门牵头，确定专人或者专门办案组研究负责，加强类案指导，各刑事检察条线负责对下指导，上下联动加强个案指导，不断加强对刑事抗诉工作的研究指导和统筹推进。二是在刑事检察工作指导小组机制下，重罪检察部门要牵头研究推进新形势下的刑事抗诉工作，切实承担起统筹协调和综合指导的职责，与其他刑事检察部门共同做好对刑事审判监督工作的研究和指导，建立“信息互通、情况沟通、配合畅通”的一体化运作机制，做到职责明确、分工清晰、资源整合。三是切实把检察管理从简单的数据管理转向更加注重业务管理、案件管理、质量管理上来，把宏观案件质效分析与微观案件质量评查有机结合起来。要定期开展案件质量评查，重点评查撤回抗诉案件、“诉判不一”案件以及判决无罪或者免予刑事处罚等重点案件是否存在应当抗诉而不予抗诉的情形，严格依法，当抗则抗。

（二）多渠道发现可抗案源，完善抗诉线索发现机制

一是完善对判决裁定的审查机制。案件承办检察官是第一责任人，部门负责人、分管领导要切实负起审核把关职责，加强分级审查、层级把关，对于应当抗诉的坚决提出抗诉。探索健全完善裁判结果上下级同步审查制度、上级检察院备案审查机制等，上级检察院经审查认为应当抗诉的，要指导办案单位及时抗诉。二是部署开展专项活动，集中解决突出问题。通过案件质量评查、刑事裁判文书交叉评查、分类审查机制和专项检查活动，对一段时期内或者一类案件中存在的共性问题进行梳理和分析，提升监督的针对性，强化抗诉案件的类案监

督效果。三是强化数据赋能，推动提升刑事审判监督的智能化水平，有效解决审判监督线索不足的问题。持续做好刑事审判监督模型的推广应用工作。进一步总结提炼常见刑事审判监督案件的监督规则，在2024年最高检印发主要涉及刑法总则、分则，涉及刑罚判项错误、程序违法等方面审判监督规则的基础上，深度开发常见个罪监督规则，为“审判监督通用模型平台化”打下坚实基础。在开展刑事审判监督智能辅助办案系统试点工作基础上，探索、研发、推广行之有效、效果良好的刑事审判监督大数据法律监督模型，进一步拓展抗诉案源，推动从个案监督向类案监督拓展，实现刑事审判监督数量和质量的双提升。

（三）完善配套机制，形成抗诉工作合力

应勇检察长指出，监督办案高质效，需要用好监督手段、创新监督方式。一是强化检察机关内部协作工作机制，包括各刑事检察条线、刑事检察部门与案件管理部门、控告申诉检察部门之间的联动，加强部门之间沟通配合，形成抗诉合力。二是健全上下联动抗诉工作机制，充分发挥检察机关“一体化”办案优势，强化监督、接续监督，对于重大疑难复杂的案件，下级检察院在抗诉前应向上级检察院请示，上级检察院应及时研究是否同意抗诉。对监督意见正确但法院不予采纳的，上级检察院应当提供有力支持，通过接续监督、加强沟通协调等方式，提高监督意见的采纳率。三是完善证据补查补强工作机制，牢固树立证据意识，对证据不扎实的抗诉案件，要综合运用自行补充侦查和引导侦查，做好案件证据调查、复核、补证工作，补强证据缺陷、完善证明体系，构建刑事抗诉证据体系，保证案件质量。四是深化检法沟通会商工作机制，各级检察机关要与法院加强工作层面的经常性联系，就办理抗诉案件中的法律政策适用、证据采信标准等问题共同研究交流，努力达成共识。通过建立认罪认罚从宽制度的沟通协调机制，完善听取意见等机制，保证量刑建议的合法性、恰当性，妥善解决认罪认罚案件的撤回抗诉案件数量偏高和抗诉采纳率偏低的问题，提升抗诉精准性。依法落实检察长列席法院审判委员会会议制度，既尊重法院审判委员会研究审议案件程序，又通过这一平台充分阐释检察机关抗诉意见和理由，争取支持，共同维护司法公正。

Gongzuo Zhanwang

工作展望

准确把握普通犯罪检察职责定位
以高质效履职更好维护社会大局稳定

侯亚辉 *

2025 年普通犯罪检察工作总体思路是：坚持以习近平新时代中国特色社会主义思想为指导，深入贯彻习近平法治思想和习近平总书记对政法工作、检察工作的重要指示精神，全面贯彻党的二十大和二十届二中、三中全会精神，认真落实中央政法工作会议、全国检察长会议、全国检察机关刑事检察工作会议部署，依法履行普通犯罪检察职责，紧紧围绕“高质效办好每一个案件”，聚焦维护社会大局稳定，全面准确贯彻宽严相济刑事政策，深化认罪认罚从宽制度适用，统筹加强审查逮捕、立案监督、侦查活动监督等基本职能建设，切实维护执法司法公正，以高质效检察履职更好为大局服务、为人民司法、为法治担当。

一、切实转变刑事检察理念，把牢普通犯罪检察的职责定位和发展方向

深刻把握新时代刑事检察工作的新理念新要求。认真学习领会全国刑事检察工作会议“要让高质效办好每一个案件成为新时代新征程检察履职办案的基本价值追求”“检察履职要回归到办案基本职责上、

---

* 侯亚辉，最高人民检察院检察委员会委员、普通犯罪检察厅厅长、一级高级检察官。

回归到具体案件办理上”“坚持法定职权必须为，依法全面履行刑事检察职权”等新理念新要求。准确把握新时代刑事检察工作的定位。紧紧围绕定位，统筹把握普通犯罪检察的具体职能，加强和深化刑事检察基本职能建设，不断健全完善制度机制，深化认罪认罚从宽制度适用，发挥好普通犯罪检察维护社会稳定的职能作用。

二、依法充分发挥刑事检察职能作用，更加有力维护社会大局稳定

一是全面准确贯彻宽严相济刑事政策，辩证把握从严与从宽的关系，宽和严都要依法，严和宽两手都要抓、都要硬、都要准。二是坚持不懈深入推进检察环节常态化扫黑除恶斗争，坚持“打早打小、露头就打、打准打实”。健全扫黑除恶常态化机制，做到“不漏不凑”。健全完善捕诉部门与检察侦查部门工作衔接、协作配合机制，一体推进扫黑除恶与破网打伞。三是积极参与“化解矛盾风险，维护社会稳定”专项治理，坚决依法从重从严惩治绑架、强奸、重伤害等严重暴力犯罪。加强民生司法保障，切实维护特定群体合法权益。加大对公民个人信息保护力度，协同整治网络侮辱诽谤、网络暴力等违法犯罪。四是依法惩治盗抢骗等多发性侵财犯罪，研究分析盗窃案件发展态势，会同最高人民法院研究涉新闻敲诈类案件法律适用问题，适时制发指导意见。持续做好医保骗保专项整治工作，适时制发检察建议。五是全面深入推进生态环境检察工作，持续开展严厉打击危险废物环境违法犯罪和第三方机构弄虚作假等重点工作，依法从严惩处破坏环境资源犯罪。六是高质效办好直接受理案件，依法规范办理各类自办案件，进一步提升办案质效。会同有关部门完善疑难复杂案件请示事项答复机制和重大敏感案件督办机制，做实重大、敏感案件的报告和指导办

理工作。七是依法办理涉外刑事案件，依法惩治涉境外黑恶犯罪、跨境赌博及妨害国（边）境管理等犯罪活动。认真落实涉侨检察工作意见，依法维护华侨、侨资企业合法权益。

三、坚持聚焦深耕主责主业，强化法律监督维护司法公正

一是加强审查逮捕工作，严格依法适用逮捕法定条件，修订完善审查逮捕的质效标准。深化社会危险性评估机制，修订完善逮捕社会危险性若干问题规定。加强羁押必要性审查。二是加强审查起诉和出庭公诉工作，积极参与修订人民检察院办理起诉案件、不起诉案件质量标准，严格依法审查起诉。三是加强刑事立案监督，深化执法司法专项检查突出问题整改。研究制定加强和规范立案监督的工作规定，部署开展刑事“挂案”清理等重点监督工作。协同司法部开展好行政执法与刑事司法衔接机制规范化建设试点工作。四是加强侦查活动监督，综合运用侦协办机制、侦查监督平台、大数据监督模型等手段，着力监督纠正利用刑事手段插手民事经济纠纷，特别是趋利性执法问题。五是加强生效裁判监督，强化刑事审判监督意识，积极参与研究制定刑事审判监督工作指引，进一步拓宽法律监督线索发现渠道、完善抗前指导机制，健全上下联动抗诉机制，加强跟进监督和上级检察院接续抗诉。

四、坚持守正创新深化改革，不断加强制度机制建设

一是持续深化推动认罪认罚从宽制度完善落实，完善保证认罪认罚自愿性真实性、量刑建议合法性恰当性机制。进一步健全完善认罪认罚从宽制度适用的规范建设。持续落实量刑建议相关指导意见，推动统一量刑辅助系统应用。会同司法部推进刑事案件辩护律师全覆盖，

完善便利律师参与诉讼机制。二是加强常见多发轻微犯罪问题研究，持续抓好醉驾新规落实工作，选编发布危险驾驶案件典型案例。借鉴醉驾治理经验，加强对掩隐罪、非法捕捞水产品罪、非法狩猎罪的研究，探索违法与犯罪梯次归责和治理模式。三是优化普通犯罪检察管理，探索建立犯罪态势研究、办案质效分析、案件质量评查一体化推进新机制，坚持在办案质效上下功夫。四是切实履行刑事检察工作指导小组办公室职责。

五、坚持党建引领业务融合，持续锻造忠诚干净担当的过硬刑事检察队伍

一是始终把政治建设放在首位，持续加强党的创新理论武装，坚持不懈用习近平新时代中国特色社会主义思想凝心聚魂。二是持续加强业务素能建设，组织开展系列刑事检察实务讲堂活动和各类专题培训、优秀审查逮捕案件评选等活动。建立全国检察机关侦查监督人才库，发挥领军人才示范带动作用。三是以科技赋能法律监督，以数字刑检工作为依托，指导推动各地刑事检察部门利用数字化、信息化手段，提升监督办案质效。四是纵深推进全面从严治检，推动党纪学习教育常态化长效化，一体推进完善“三不腐”、防治“灯下黑”机制，持续加强刑事检察纪律作风建设。

切实做好重罪检察工作
坚决维护国家安全和社会稳定

元　明*

2025年，全国检察机关重大犯罪检察部门要坚持以习近平新时代中国特色社会主义思想为指导，全面贯彻习近平法治思想和党的二十大和二十届二中、三中全会精神，深化落实《中共中央关于加强新时代检察机关法律监督工作的意见》《关于全面深化检察改革、进一步加强新时代检察工作的意见》，认真贯彻中央政法工作会议、全国检察长会议部署要求，一体抓好重罪检察业务管理、案件管理、质量管理，聚焦法律监督主责主业，做实高质效办好每一个案件，持之以恒加强队伍建设，高质效履行重大犯罪检察各项职责，坚决维护国家安全和社会稳定。

一、充分发挥重罪检察职能作用，坚决筑牢安全稳定屏障

一是依法严惩危安、暴恐和邪教犯罪，坚定捍卫国家安全。全面贯彻总体国家安全观，严厉打击各类危害国家安全犯罪，坚定维护国家政权安全、制度安全、意识形态安全。强化“敢于斗争、善于斗争”的担当和底气，对重大敏感案件点对点加强指导，确保案件依法稳妥处理。贯彻落实《关于依法惩治“台独”顽固分子分裂国家、煽动分裂国家犯罪的意见》，坚决维护国家主权、统一和领土完整。推动出

* 元明，最高人民检察院重大犯罪检察厅厅长、一级高级检察官。

台关于办理资助危害国家安全犯罪活动案件的指导意见，解决法律适用难题。依法惩治网络政治谣言和有害信息犯罪，有力维护意识形态安全。推进检察机关、国家安全机关侦查监督与协作配合机制实质化运作，形成维护国家安全的强大合力。坚决落实好检察环节反恐工作责任，深入推进新疆反恐维稳法治化常态化，建立健全暴恐案件办理区域协作机制，提升反恐维稳工作协同联动、整体推进水平。依法做好反邪教综合治理工作，加强调查研究，依法严厉打击“法轮功”“全能神”等邪教犯罪，加大对非法宗教活动打击力度。

二是依法从重从严从快惩治严重刑事犯罪，全力守护社会安定和人民安宁。完整、准确、全面理解适用宽严相济刑事政策，对“一杀多人”特别是报复社会等极端恶性犯罪，坚决依法从重从严从快惩治，确保“严”的一手不放松、“严”的调门不降低，及时有力震慑犯罪、安定人心、维护稳定。对重大恶性案件第一时间挂牌督办、派员指导，在法定期限内加快诉讼进程，及时回应社会关切。深挖案件背后深层次原因，积极助推社会治理，有针对性地提出对策建议。深入开展“化解矛盾风险，维护社会稳定”专项治理，引导各级重罪检察人员在办案各环节推动矛盾纠纷法治化实质性化解，把释法说理贯穿司法办案始终，促进息诉罢访、案结事了。对“民转刑”案件进行专项梳理分析，及时发现、有效预防和处置苗头性、倾向性问题，防范民事纠纷转化为刑事案件。以落实最高检四号、七号、八号检察建议为抓手，充分发挥重罪检察在织密公共安全网中的作用，促进公共安全综合治理。深入落实十一号检察建议，推进养老机构安全问题治理，用心守护最美“夕阳红”。

三是突出惩治涉枪爆、涉毒及危害生产安全等人民群众反映强烈的犯罪，切实增强人民群众安全感。出台枪爆案件办理常见问题解答，解决枪支散件、新型爆炸物认定等重点难点问题。依法严厉打击各类毒品犯罪，对涉列管麻精药品未按毒品犯罪处理案件开展调研，推动完善相关司法解释，制发办案指导意见。联合有关部门积极防范青少年滥用涉麻精药品等成瘾性物质。持续加强禁毒宣传教育工作，编发禁毒典型案例。依法惩治危害生产安全犯罪，加强危险作业罪入罪标准研究，出台指导意见或编发典型案例对“现实危险”的认定统一认识。常态化开展安全生产领域“检察护企”专项行动。推动检察机关参与事故调查工作制度化、规范化运行，从源头夯实案件证据基础，提高案件办理质效。

四是积极做好涉外检察工作和军地检察协作工作。会同有关方面，健全完善反制裁、反干涉、反“长臂管辖”机制。积极参与国际执法司法合作，加强国际恐怖主义犯罪和跨国毒品犯罪研究，形成打击犯罪合力。成立涉外重罪检察研究小组，加强理论研究和专题培训。依法惩治危害国防利益等涉军犯罪，完善军地检察协作机制，坚决维护国防安全。

二、聚焦法律监督主责主业，依法履行刑事检察职权

一是加强审查起诉工作。按照最高检刑事检察工作指导小组部署，牵头统筹做好检察机关审查起诉、出庭公诉、刑事审判监督、死刑复核监督等工作。继续加强完善以证据为中心的刑事指控体系重大课题研究，适时制定相关指导意见。出台陈年命案证据审查指引，强化证据审查运用。针对一些疑难复杂及新类型案件，统筹研究出台相关证据审查指引，全面提升检察人员证据审查以及自行补充侦查能力。组织修订起诉案件质量标准、不起诉案件质量标准，严把审查起诉案件质量关，确保依法、准确、规范适用不起诉权。规范公诉案件审查

报告撰写工作，开展优秀审查报告评选，推动提升检察法律文书事实证据分析、释法说理水平。加强对公安机关撤回移送审查起诉问题研究，制定规范公安机关撤回移送审查起诉的意见。组织召开全国检察机关审查起诉工作座谈会。

二是加强出庭公诉工作。积极适应庭审实质化的要求，分类研究速裁、简易、普通程序和疑难复杂案件出庭问题，下大力气加强出庭公诉工作。加强公诉人出庭能力建设，充分发挥优秀公诉人的带动作用，以疑难复杂、重大敏感、被告人不认罪等案件为重点，针对性加强出庭指导。组织开展出庭公诉评比、庭审观摩、跟庭评议等活动，促进提升公诉人出庭能力，切实增强刑事检察“看家本领”。分级分类加强公诉人才库建设。

三是切实提升刑事审判监督工作质效。深化落实全国刑事抗诉工作经验交流会精神，开展提升刑事抗诉办案质效系列活动。强化对刑事审判监督的重要性规律性认识，健全完善抗前指导、上下联动抗诉机制，加强跟进监督和上级检察院接续抗诉。针对部分地区“诉判不一”案件多但抗诉案件少的问题，加强研究指导。对撤回抗诉案件进行反向审视，提升抗诉精准性。积极推进大数据赋能刑事审判监督工作，总结提炼监督规则，推广应用大数据监督模型，进一步拓宽监督线索发现渠道。研究制定人民检察院刑事审判监督工作指引，编发刑事抗诉典型案例、指导性案例。

四是进一步加强死刑复核监督。会同最高法联合调研死刑案件办理情况，加强死刑适用标准研究，统一对“最严格证据标准”的认识。推动落实《死刑复核案件证据问题座谈会会议纪要》，对因证据问题不予核准死刑的典型案件进行反向审视，压实省、市两级院在死刑案件证据把握方面的责任，进一步提升死刑案件办理质量。推进下级检察院严格落实死刑案件提请监督、报告重大情况和报送备案的工作要求，适时通报相关工作情况。加大死刑案件审查和出庭工作指导力度。

三、强化对下指导和队伍建设，提升重罪检察条线办案质效

一是坚持以上率下，高质效办好每一个案件。以最高检本级办理案件质量评查为契机，认真整改发现的问题，进一步提升办案质效，多出精品案。深入挖掘重大疑难复杂案件“富矿”，对有重大社会影响、重要指导意义的案件注重总结提炼规则，更好地指导司法实践。

二是加强对下指导，一体抓好重罪检察业务管理、案件管理和质量管理。引导重罪检察条线进一步聚焦法律监督主责主业，进一步回归高质效履职办案本职本源。加强对疑难复杂和重大敏感案件的指导和督办，坚持“三个善于”，确保办案质效。加强对重点案件类型，以及无罪、不捕不诉等重要业务态势的分析研判。充分发挥指导性案例、典型案例指引作用。适时组织开展重罪检察条线案件评查，引导重罪检察人员准确把握“三个善于”的基本内涵和实践要求，不断提升案件办理水平。

三是以政治建设为统领，持续加强重罪检察队伍建设。持续推动党建和业务深度融合，始终把政治建设放在首位，不断强化纪律作风建设，狠抓“三个规定”落实。持续加强业务素能建设，强化业务培训和岗位练兵，举办提升出庭能力专题培训班、刑事审判监督专题培训班，持续擦亮“重罪检察实务大讲堂”品牌。加强重罪检察理论研究，充分发挥重罪检察证据分析研究基地的智库作用，继续开展重罪检察实务征文，更好指导和推动重罪检察实践。更新调整重罪检察人才库，通过开展巡讲、借调办案、参与课题研究等方式，加强专业化、

复合型人才培养使用。充分发挥重罪检察证据分析研究基地的智库作用，更好指导和推动重罪检察实践。坚定不移推进全面从严治检，不断强化纪律作风建设，狠抓“三个规定”落实，严防人情案、关系案、金钱案，把全面从严治检贯穿重罪检察履职办案和队伍建设全过程。

充分发挥检察职能作用　协同推进反腐败斗争

张晓津 *

2025年，全国检察机关职务犯罪检察部门将坚持以习近平新时代中国特色社会主义思想为指导，深入学习贯彻习近平法治思想和习近平总书记关于党的自我革命的重要思想，全面贯彻党的二十届三中全会、二十届中央纪委四次全会、中央政法工作会议精神，认真落实全国检察长会议以及全国检察机关刑事检察工作会议、全国检察机关职务犯罪检察工作会议部署，强化依法规范履职，落实互相配合、互相制约要求，抓实高质效办好每一个案件，协同推进执纪执法和刑事司法有机衔接，为坚决打好反腐败斗争攻坚战持久战总体战贡献力量。

一、强化政治引领，紧紧围绕反腐败工作大局谋划推进工作

坚持和落实党中央对反腐败工作的集中统一领导，坚持不懈地用习近平新时代中国特色社会主义思想凝心聚魂，做到学思用贯通、知信行统一，不断擦亮坚定拥护“两个确立”、坚决做到“两个维护”的鲜明政治底色。健全习近平总书记重要讲话和重要指示精神在检察机关职务犯罪检察条线落实机制。认真落实《中国共产党政法工作条例》以及最高检有关请示报告工作规定，对职务犯罪检察履职办案中的重大举措、重大事项、重大敏感案件办理等，严格按规定请示报告。

---

* 张晓津，最高人民检察院检察委员会委员、职务犯罪检察厅厅长、一级高级检察官。

聚焦坚决打好反腐败斗争攻坚战持久战总体战，充分履行职务犯罪检察职能，保持惩治腐败犯罪高压态势，协同抓好重点领域腐败问题系统整治，加强新型腐败和隐性腐败犯罪惩治，配合深化整治群众身边腐败问题，持续推进受贿行贿一起查，加强以案促改促治工作，提升协同一体推进不敢腐、不能腐、不想腐综合效能。

二、严格依法办案，以高质效办案巩固反腐败斗争成果

坚持“三个善于”，持续推进高质效办好每一个案件，突出办好中管干部等重大职务犯罪案件。制定办理职务犯罪案件工作流程，印发职务犯罪案件起诉书、公诉意见书、举证提纲制作指导意见，进一步规范办案各环节工作。充分发挥提前介入在职务犯罪案件办理中的重要作用，促进提升移送起诉案件质量。依法履行审查起诉职能，不以提前介入意见代替审查起诉意见，加强全面、实质审查，切实把好案件证据关、事实关、程序关和法律适用关，依法作出起诉、不起诉决定。高质效履行提起公诉、出庭支持公诉职能。加强职务犯罪案件审判监督。依法做好认罪认罚从宽制度适用工作。进一步规范涉案财物审查和追赃挽损工作，依法保护合法财产权。全面修订《常见职务犯罪罪名证据指引》，进一步明确证据客观性关联性合法性标准，引导提升证据收集、审查、运用水平。加强疑难复杂法律适用问题研究，推动制定纪要、问答或办案指导文件，编发新型隐性职务犯罪指导性案例以及刑罚执行领域渎职犯罪等典型案例。

三、健全制度机制，为高质效履职办案提供坚实制度保障

认真学习贯彻修改后的监察法，研究新增加的监察措施与刑事强制措施衔接程序，配合修订监察执法与刑事司法衔接工作意见，进一

步规范职务犯罪案件指定管辖工作，协同健全监检互相配合、互相制约机制。探索与国家监委有关部门联合开展调研指导，共同督促落实提前介入工作规定等文件。健全办理检察侦查案件内部衔接配合与监督制约机制，进一步明确检察侦查案件提前介入的条件范围，完善上级院捕诉部门审查把关制度，共同提升办案质量。协同探索检察侦查案件中执纪与执法处置反向监检衔接机制。持续优化职务犯罪检察管理指导机制，加强宏观业务数据分析研判，强化对无罪、不诉、撤诉、诉判不一致以及违法所得没收等案件的重点分析，指导加强和改进工作。加强职务犯罪案件质量检查，完善部门核查机制，积极参与统一评查、重点抽查。抓实对下业务指导，研究制定职务犯罪检察工作指引，推动联合印发职务犯罪常见罪名量刑指导意见，强化重大、敏感职务犯罪案件请示、报告和备案工作规定执行。

四、坚持突出重点，积极为铲除腐败滋生的土壤和条件贡献力量

积极参与金融、国企、能源、消防、烟草、医药、高校、体育、开发区、工程建设和招投标等领域系统整治，协同整治“蝇贪蚁腐”以及“校园餐”、农村集体“三资”管理、乡村振兴资金使用监管、医保基金管理、养老服务、殡葬领域等群众身边腐败，强化对滥用职权、玩忽职守、违规决策造成国有资产重大损失的渎职犯罪的惩治。依法从严从快办理相关领域案件，总结编发金融领域、建设工程领域职务犯罪等典型案例。深化受贿行贿一起查，加大行贿犯罪惩治力度，加强和规范财产性利益追缴和非财产性利益纠正。积极参与反腐败追逃追赃和跨境腐败治理，会同有关机关开展犯罪嫌疑人、被告人逃匿、死亡案件追赃专项行动，积极推动违法所得没收、缺席审判特别程序适用，进一步健全完善相关规定。加强和规范对外逃人员逮捕措施的

适用，依法做好外逃归案人员起诉工作。落实新修订的《反洗钱法》和《关于办理洗钱刑事案件适用法律若干问题的解释》，强化贪污贿赂犯罪与洗钱罪“一案双查”，依法准确惩治贪污贿赂类洗钱犯罪。

五、抓实能力建设，着力锻造高素质专业化职务犯罪检察队伍

加强人才队伍建设，根据承担中管干部职务犯罪案件办理任务、办理质量等情况，动态调整全国检察机关重大职务犯罪案件办理团队名单。进一步规范全国检察机关职务犯罪检察人才库使用办法，在重大案件办理、重要任务抽调、重点业务培训等方面充分发挥人才库成员作用。按照最高检刑检组任务部署，牵头开展优秀刑事检察文书（起诉书）评选工作，促进提升刑事检察文书质量。进一步提高业务培训实效性，突出证据审查、法律适用、出庭公诉能力建设等内容，与国家监委、最高人民法院有关部门联合举办一期职务犯罪案件办理同堂业务培训班，举办一期全国职务犯罪检察业务骨干研修班，围绕职务犯罪案件办理疑难问题灵活举办业务讲座。联合最高检职务犯罪检察研究基地举办实务研讨会、案例研讨会，持续提升职检人员法学素养和实践能力。推进作风建设常态化长效化，认真开展深入贯彻中央八项规定精神学习教育，巩固深化党纪学习教育成果。开展“职检清风”党建品牌建设，加强党建和业务工作融合发展、互相促进。

高质效履行经济犯罪检察职责
以法治之力服务经济社会高质量发展

杜学毅 *

2025 年，全国检察机关经济犯罪检察工作的总体思路是：坚持以习近平新时代中国特色社会主义思想为指导，深入贯彻党的二十大和二十届二中、三中全会精神，认真贯彻中央政法工作会议、中央经济工作会议和全国检察长会议、全国刑检会精神，全面落实《关于全面深化检察改革、进一步加强新时代检察工作的意见》，深刻把握大局大势，深刻认识经济犯罪检察工作的重要使命，坚持高质效办好每一个案件，更好地统筹发展与安全，更好为大局服务、为人民司法、为法治担当，为经济社会高质量发展提供有力法治保障。

一、聚焦政治引领，以忠诚履职践行“两个维护”

坚持党的绝对领导。全面贯彻习近平法治思想、习近平经济思想，坚持党的中心工作推动到哪里，经济犯罪检察工作就跟进到哪里，持续擦亮坚定拥护“两个确立”、坚决做到“两个维护”的鲜明政治底色。坚持讲政治与讲法治有机统一，始终确保经济犯罪检察工作正确政治方向。

坚持从政治上着眼、在法治上着力。更加自觉把习近平新时代中国特色社会主义思想贯彻落实到经济犯罪检察履职全过程，在了解大

* 杜学毅，最高人民检察院经济犯罪检察厅厅长、一级高级检察官。

局中找准经济犯罪检察工作定位，在融入大局中发挥经济犯罪检察职能作用，在服务大局中推动经济犯罪检察工作发展。加强前瞻性研究和有效性应对，保持与宏观政策取向一致性，充分发挥法治固根本、稳预期、利长远的作用，以高水平安全服务保障高质量发展。

坚持高质效办好每一个案件。将“三个善于”贯穿经济犯罪检察履职办案全过程。准确把握实质法律关系，强化审查逮捕、审查起诉、出庭支持公诉职能，加强对立案、侦查、审判等诉讼活动的法律监督。深刻领悟法治精神，立足宪法和法律授权，依法全面履行法定职权，严格恪守职能边界。树牢公正司法是维护社会公平正义最后一道防线的理念，切实把好事实关、证据关、程序关、法律适用关，在法理情有机统一中实现公平正义。更加全面、准确落实宽严相济刑事政策，更好实现依法惩治犯罪与化解矛盾、促进和谐的有机统一。

二、聚焦服务大局，高质效履职服务经济社会高质量发展

深入落实服务保障金融高质量发展检察意见。全面学习贯彻中央经济工作会议精神，持续落实最高检《关于充分发挥检察职能作用 依法服务保障金融高质量发展的意见》。协同探索完善金融证券派驻检察工作机制。制发《检察机关办理常见金融犯罪案件工作指引》。

依法惩治金融犯罪。持续加大对伪金交所、第三方财富管理公司等投融资领域、养老等传统领域和虚拟货币等新兴领域的非法集资犯罪惩治力度，适时编发典型案例。配合有关部门依法妥善处置化解中小金融机构、涉房地产等领域信贷风险。依法打击非法买卖外汇、骗购外汇等涉外汇犯罪。加强对“道具币”等新型假币犯罪问题的研究。

依法从严惩治证券犯罪。落实《关于办理财务造假犯罪案件有关问题的解答》，持续加大对财务造假、侵害上市公司利益等重点领域

犯罪惩治力度，对内幕交易、操纵证券市场等犯罪保持高压惩治态势。全链条追诉上市公司控股股东、实控人、董监高、中介机构等从业人员以及场外配资、“黑嘴”、洗钱等黑灰产业链从业人员。会同有关部门研究修订内幕交易司法解释、起草背信损害上市公司利益罪司法解释，编写办理操纵证券市场犯罪案件有关问题的解答。

加大力度打击涉私募投资基金犯罪。重点打击涉私募投资基金领域非法集资、挪用侵占、操纵市场、内幕交易及行受贿犯罪，高度关注“伪私募”“乱私募”引发的行业金融风险，配合有关部门参与私募基金风险处置工作，加大挂牌督办案件指导力度，总结优秀案例。研究制定办理私募基金犯罪案件指导意见。

持续做实反洗钱工作。加大对洗钱犯罪的打击惩治力度。积极做好迎接 FATF 第五轮反洗钱国际评估工作。加强对单位洗钱、跨境洗钱、地下钱庄洗钱等重点类型案件的数据统计、案例收集等工作。依法打击利用虚拟货币非法向境外转移资产犯罪活动。

完善涉资本市场案件行刑衔接。认真落实《关于办理证券期货违法犯罪案件工作若干问题的意见》，全面规范证券期货犯罪案件管辖、证据收集审查运用以及行刑衔接等相关程序。持续完善证券犯罪案件交办制度。深化落实最高检、中国证监会《关于建立健全资本市场行政执法与检察履职衔接协作机制的意见》，健全完善证监—检察案件信息共享、双向移送、专业支持等协作机制。

积极参与“开展规范涉企执法专项行动”。深化依法平等保护各类市场主体，牵头开展违规异地执法和趋利性执法司法专项监督，聚焦违法立案、插手经济纠纷、跨区域抓捕、违法“查扣冻”等企业反映强烈的突出问题，坚决依法纠正相关执法违法问题。研究制定规范办理跨区域涉企刑事案件的工作意见。各地通过制发检察建议等方式，引导各类市场主体完善治理结构和管理制度。

突出涉企重点问题监督。依法惩治涉企内部腐败犯罪，推动加快出台相关司法解释。深化涉企刑事“挂案”清理，加强对涉企案件的立案监督。推动发挥各地侦查监督与协作配合办公室职能作用，推广大数据科技创新成果与涉企刑事“挂案”清理工作深度融合。准确把握涉企经济、民事纠纷与违法犯罪界限，依法妥善办理涉企民刑交叉案件。

维护国门安全和外贸秩序。纵深推进全国打击海上走私犯罪专项行动。依法从严打击破坏、对抗、规避国家外贸政策实施的走私犯罪。服务海南自贸港政策落实落地，推进缉私司法协作机制，完善打击套代购走私法律政策适用。加强对跨境电商、海外仓等新业态走私涉税犯罪法律适用问题研究。

依法惩治涉税犯罪。重点打击产品收购加工、医药制造销售等传统领域及网络直播、平台经济等新兴领域虚开发票犯罪。精准打击恶意骗取税费优惠、财政补贴犯罪及各类逃税犯罪。全链条打击买单配票、走私回流等团伙性骗取出口退税犯罪以及衍生的洗钱、非法经营等犯罪。积极参与“联合利剑 2025”打击涉税违法犯罪专项行动。适时出台涉税犯罪法律政策适用问题指导意见。

做好反垄断、反不正当竞争工作。认真落实国家反垄断和反不正当竞争政策，总结推广办案经验。聚焦民生领域的垄断和不正当竞争行为，加强互联网背景下相关刑事案件办理规律研究，深挖犯罪链条，精准重拳出击。

加强涉外经济犯罪检察工作。强化涉外经济犯罪检察研究团队建设。完善涉外经济犯罪案件办理机制，加强对反“长臂管辖”、国际追逃追赃、涉外证据规则等重点问题研究，形成一批基础性研究成果。

积极参与经济犯罪领域国际规则制定。传播中国经济犯罪检察经验。

三、聚焦司法为民，不断增强人民群众获得感、幸福感、安全感

深入推进网络空间治理。牵头协同整治网络谣言、网络暴力、网络侵权违法犯罪。打击整治“网络水军”，推动制定相关指导意见。依法惩治网络“按键伤企”所涉违法犯罪，持续优化网络营商环境。依法严惩危害计算机信息系统安全、数据安全犯罪。依法准确办理新技术新业态网络犯罪案件，准确甄别罪与非罪。

依法严惩电信网络诈骗违法犯罪。深入推进打击涉缅北电诈“7·17”专项行动和阿联酋、老挝金三角等方向专项行动，依法妥善办理重大跨境犯罪集团案件和境外集中遣返人员案件，强化提前介入、引导取证、沟通会商，上级院加强对下统筹指导。研究探索跨境电诈案件办理重点难点问题，推动完善法律适用规范和相关制度机制。依法规范电信网络诈骗案件指定管辖办理，坚持法定管辖原则，提升指定管辖质效。

保持严惩食药犯罪高压态势。依法严厉打击危害食药安全犯罪，加大对重大敏感案件督办指导力度，适时发布典型案例。依法维护国家粮食安全，持续开展“农资打假”专项行动。聚焦网络平台、直播间售假和农村、城乡接合部食药安全等问题，协同发力，强化产品质量安全监管。推动出台农产品质量安全领域行刑衔接办法。牵头做好中央质量、食品安全以及知识产权保护考核工作。

最大限度追赃挽损。加大对非法集资、电信网络诈骗等犯罪的追赃挽损力度。落实反洗钱“一案双查”制度，注重发现移送涉案资产线索，及时督促公安机关查封、扣押、冻结。积极探索支持、配合证券纠纷特别代表人诉讼，保护投资人合法权益。探索建立易贬值、易

毁损财产先行处置、可经营财产持续合法经营等制度机制。围绕虚拟货币法律属性和处置规则，推动研究建立有关制度规范。

加大普法宣传力度。认真落实“谁执法谁普法”普法责任制，聚焦重点群体、重点区域、重要时点，通过线上线下融合的方式，积极开展普法宣传。会同有关部门开展非法集资宣传月、“3·15”、“6·7”世界食品安全日、网络安全宣传周、反诈法实施三周年等重点宣传活动，加强以案释法，传递法治声音。

四、聚焦高质效办案，以“三个管理”提升经济犯罪检察工作水平

加强上下协同联动。健全刑事申诉、指定管辖、交办督办等各类案件上下级检察机关办案衔接机制。强化业务指导职能作用，完善规范重大敏感经济犯罪案事件请示、报告制度。

持续推进“三个管理”。强化研判宏观业务数据，聚焦重点罪名、重点领域、重要态势，查找工作短板，有针对性加强经济犯罪检察基本职能建设。抓实案件质量检查评查，健全完善相关机制，努力做到“每案必检”，一体抓好“三个管理”。

加强检察制度供给。加强与最高法、公安部、行政监管部门的沟通协作配合，优化创新工作机制。在食药、涉税、金融、电诈等领域，加强民事、行政、公益诉讼检察履职协作，推动建立线索移送、办案协作等常态化机制。通过参与相关法律的立改废释、制发规范性文件、发布指导性案例和典型案例等方式，为办案提供指引。

五、聚焦能力建设，锻造忠诚干净担当的高素质经济犯罪检察铁军

加强党的政治建设。持续巩固拓展主题教育和党纪学习教育成果，充分发挥党建引领的政治优势、组织优势。切实落实好“三会一课”制度，创新党建工作。通过推动党建品牌建设、加强建章立制、开展联学联建等方式推进党建与业务深度融合。

加强业务能力建设。会同有关部门以食品药品、走私涉税、市场秩序、银行信贷、反洗钱、合同诈骗、电信网络诈骗、证券期货等为主题举办专题培训。充分发挥条线“十佳”“优秀”公诉人的带动作用，更新全国经济犯罪检察人才库，加强涉外经济犯罪检察人才培养使用。多措并举提升案件审查、出庭公诉、政策运用等能力。

加强数字检察实践。深入推进结合实际用好现有优秀数字监督模型，抓好重点模型推广应用。强化数字检察思维，探索推动数据技术赋能办案，发挥数据分析手段在线索发现筛查、证据收集判断、资金穿透审查等工作中的作用，提高办案质效。

加强基层基础建设。筹备全国检察机关经济犯罪检察工作会议。不断强化基层基础，做实对口援助工作，持续将培训资源向受援地区倾斜。通过与工作联系点、理论研究基地联合举办专题研讨、课题研究等活动服务检察实践。

加强党风廉政建设。持之以恒推进全面从严治检，严格落实“三个规定”和廉洁从检的各项要求，健全监督管理机制。强化理想信念教育、警示教育、廉洁教育，筑牢拒腐防变思想防线。

Shiwu Yanjiu

实务研究

以场证据思维精细化办案实现审查案件实质化研究

雷秀华 *

《2023—2027 年检察改革工作规划》提出“推动构建以证据为中心的刑事指控体系”。针对该体系的构建，相关研究对刑事指控体系的概念及构建进行了探讨，但讨论多停留在静态层面阐释体系构建各要素，缺乏整体性、系统性思考，而刑事指控是一个动态严密的过程，基于什么样的思维或者方法将各要素串联，将体系构建的各项要求具体地融入司法办案，让办案人员在个案办理中完整、精确、全面落实“以证据为中心的刑事指控体系”要求，相关研究尚不足。

当前刑事诉讼所反映出来的书面卷宗主义的侦查模式与笔录中心主义的证据制度，对刑事检察官如何构建以证据为中心的刑事指控体系提出了挑战。以证据为中心的刑事指控体系的理想状态，应当是刑事检察官对每一份证据（来源、形式、内容）、对侦查机关每一项侦查措施（审批、形式、实施、结果）都了如指掌，以亲历侦查的角度解析犯罪过程与侦查过程，以证据及其证明的基础事实为基本元素精细化重建犯罪现场，实现对犯罪的完美追诉。但是笔录中心主义证据制度、书面卷宗主义侦查模式、诉讼阶段主义等背景下，少数刑事检察官审查办案未穿透犯罪实施过程以及侦查过程，没有充分体现检察

* 雷秀华，四川省人民检察院党组成员、副检察长。

官对案件的实质化审查。本文在总结司法实践的基础上尝试提出以场证据（犯罪场重建、侦查场重现、证据场全链）的思维方法推动精细化办案，尝试构建一个动态、系统、精细的刑事指控体系，以提升检察官全面洞悉侦查基本逻辑以及收集、审查、判断、运用证据，并形成最终事实认定的思维能力，为构建以证据为中心的指控体系提供具体路径。

一、场、场证据、场证据思维概念体系的逻辑递进

（一）场

所谓“场”，在物理学范畴，指某种物理量在空间的分布和变化规律；在数学范畴，指的是在空间中的每个点有一个对应值的函数或量。可见，在物理、数学领域，“场”指某个特定空间内各种变量、数值之间存在的某种关系。当“场”的概念扩展到社会科学和人文学科中时，“场”可以用来描述不同社会群体和个体之间的互动和影响。那么引入犯罪学特别是刑事证据学领域，笔者认为，“场”具体指犯罪行为与特定时间空间领域内各种物质发生交互影响形成的时空场域。

（二）场证据

1. 场证据的内涵

在“场”的概念基础上延伸，场证据即指犯罪行为在特定时空场域下形成的各种证据信息集群。支撑场证据的直接理论基础是洛卡德物质交换原理，该理论认为，犯罪过程实际上是一个物质交换过程，犯罪人作为物质实体实施犯罪过程中会与其他物质实体发生接触并双向互换，其核心思想是“凡有接触，必留痕迹”。因此，无论何种犯罪行为，即使是新型犯罪（如网络犯罪），犯罪人与特定场域内的人、事、物发生着物质交换，因而会留下犯罪痕迹。理想状态下，所有的

犯罪痕迹均能够被收集，均能够被证实与犯罪人相关联，能够通过证据回溯重建犯罪现场推断犯罪过程，从而实现对犯罪人准确定罪。

2. 场证据的主要分类及核心特征

为了深入理解场证据的内涵外延，便于场证据思维在构建以证据为中心的指控体系中的充分正确运用，本文通过场证据主要分类与核心特征两个维度进一步阐释解析。

（1）主要分类

从场域形成时间、场证据关联主体层面，场证据可分为犯罪场、侦查场、证据场。犯罪场即犯罪发生后形成的原始现场及侦查机关介入前第三人、物、时间等相互影响形成的变动现场内留下的所有信息集群，关联主体主要是犯罪人及被害人、现场证人等；侦查场，即案件发生后，侦查机关介入后采取的侦查思路、行为、过程等留下的信息及侦查行为与原始场证据交互留下的证据信息集群，关联主体主要是侦查人员；证据场，即案件进入检察官实质审查阶段，检察官通过证据规则、逻辑、经验判断筛选证据信息后最终以法定证据形式呈现的证明犯罪的信息集群，关联主体主要是检察官。

从思维认识层面看，场证据可分为应然场和实然场。应然场从认识判断层面强调场证据原始理想状态，关注场证据应当是怎样的，因此从这个角度讲，犯罪场是原始的场、应然的场，在场证据思维运用中重在划定思维起点，在观念中首先要拟制应然场。实然场从事实判断层面强调场证据客观现实状态，描述场证据实际如何，从这个角度讲，证据场是构建的场、实然的场，在场证据思维运用中重在把“应然的场”与“实然的场”进行比对，发现证据缺失，通过补充证据、合理解释等方法补齐证据断链。

（2）核心特征

从犯罪客观事实角度看，场证据是犯罪行为在特定时空内物质交互影响留下的所有证据信息集群，该信息集群构成原始犯罪场，是司法活动要无限追寻的客观真实；从犯罪现场重构看，场证据是通过采取侦查活动已经或者能够发现的证据集群，在侦查行为与原始犯罪现场交互影响后重构的犯罪场，该场应无限趋近于原始现场。检察官运用场证据思维构建以证据为中心的刑事指控体系，目光始终在应然与实然之间穿梭，从而最终构建出实然证据场。因此，关于场证据的核心特征，更多从应然场与实然场的对比中进行把握。具体来讲，包括观念的完整性与实际的不完整性、证据的充分性与实际的不充分性、内容的真实性与实际的真伪混杂性、各事实要素相互关系的确定性与实际上各事实要素相互关系的不确定性、各诉讼行为的自然真实性与诉讼主体因技术性侦查或侦查陷阱等问题的故意遮蔽和过错性等等。

（三）场证据思维

如果说场是客观存在，场证据兼具客观与主观，那么场证据思维则完全属于主观范畴，是指对证据、事实、法律适用的认知、判断、推理后重构犯罪现场的思维过程和方式。具体来讲，场证据思维是司法工作人员（这里指检察官）在大脑中对特定场域内痕迹信息进行加工、分析、推理、判断后形成证据链的高级认知过程，是对刑事犯罪与刑事证据的本质、规律和内在联系的深刻把握。包括概念形成，证据与待证事实关系判断，发现矛盾、矛盾排除及结论推理等系统性思维过程。场证据思维要求检察官面对刑事案件时，首先，将自己置身于犯罪现场和侦查现场中开展思维加工，根据“物质交换理论”，结合案件反映的事实情况，运用逻辑、经验判断该犯罪行为应当会留下或带走哪些客观的痕迹、物品，以及相关人员主观的言词等信息，哪些信息会发生交互影响，在观念上构建应然犯罪场并形成应然犯罪场证据体系，在此基础上以穷尽可能的手段去获取案件犯罪场的所有证据信息材料，最大限度确保证据的全面性、客观性、完整性。其次，将侦查行为实际获取的证据，与应然犯罪场证据体系进行比对，判断哪些应然证据是因侦查逻辑错误、时空交互影响、侦查行为不当、客观技术不能、痕迹污染破坏等原因无法被收集，以场的交互影响为基础，运用证据规则和逻辑进行合理解释和取舍、补正、排除，实现对全案证据的宏观把握和微观审视。最后，通过对犯罪场和侦查场的高度概括和抽象思维，正确认识侦查行为与在案证据的关联，实现对侦查行为本身是否合法及侦查行为获取证据是否客观、真实、自然的准确判断，通过证据的精细分析，最终形成证据场，精准得出案件事实清楚或者事实不清的唯一结论。

二、场证据思维的哲学基础

场证据思维是哲学思维在刑事司法领域的有意识投射和具体运用，作为一种办案思维方法，其理论根基深植于哲学认识论、系统论与矛盾论的土壤之中。这三重哲学维度不仅为场证据思维提供了世界观层面的支撑，更在方法论层面赋予其动态性、整体性与辩证性特质，使其能够有效回应刑事司法实践中证据审查与事实认定的复杂需求。

（一）认识论：主客观统一的动态认知框架

从认识论角度，客观世界是无限的，而人类认识却是有限的，以有限逐步逼近无限是人类认识的终极目的。康德在《纯粹理性批判》中提出，人类的认识能力受到感性直观（时间与空间）和知性范畴（如因果性、实体性等）的限制。我们只能认识现象世界（经验世界），而无法触及“物自体”——事物本身的终极实在性。黑格尔则认为，客观世界是绝对精神的自我展开，其本质是无限的动态过程。而人类的认识作为绝对精神的自我意识，虽在某一阶段是有限的，但通过辩证法的扬弃（否定之否定）可以逐步逼近真理。客观世界的丰富性和多样性，表明世界并非一个固定的、有限的实体，而是一个不断变化、不断生成的动态整体。具体到刑事司法领域，原始犯罪场客观发生，即成为客观实在的一部分，且随着时间的推进，处于不断变化、不断生成的动态演进中，其中包含了无限的事实和证据信息。对案件事实的认识过程，就是对原始犯罪场的还原过程，而还原的犯罪场能否跟原始犯罪场实现完美匹配，决定了认定的法律事实与客观真实的契合度。犯罪场的完美还原不仅取决于侦查技术与水平，更依赖于办案人员的认识水平和通过逻辑性行为再造能力。从人类认识事物的方法看，主要有两种认识，即感性认识和理性认识。感性认识是认识的初级阶段，是人们通过感觉器官直接感受到的关于事物的现象、各个片面和外部联系的认识；理性认识是认识的高级阶段，是人们借助于抽象思维，对感性认识进行加工、整理、概括而形成的关于事物的本质、全体和内部联系的认识。场证据思维属于对客观犯罪场的理性认识，是一种抽象思维方式，是刑事办案认识过程的高级阶段，其在对犯罪场初步感知后，通过抽象思维（归纳类案特点、亲历犯罪现场等）在观念上拟制应然证据场，与侦查机关收集到的证据（实然证据场）进行比对，在观念上推导出犯罪场的本质、全体和内部联系。

辩证唯物主义认为，认识过程是一个从感性认识到理性认识，再从理性认识到实践的循环往复、不断深化的过程。实践是认识的基础，感性认识和理性认识是认识的两个阶段，二者相互联系、相互作用。通过实践、认识、再实践、再认识的循环，人类的认识不断接近真理。场证据思维完全遵循辩证认识路径，犯罪行为在特定时空场域中留下的所有痕迹，是办案人员需要获取的感知要素，通过侦查活动转化为证据材料，检察官在原始证据的直观感知下形成对犯罪场的感性认识，通过分析、归纳、判断、推理等思维过程拟制该犯罪场的应然证据场，使对证据场的感性认识上升为理性认识。在此基础上，通过比对证据缺失，引导补充侦查，完善证据体系，对最后未在案的证据，进行全面分析，合理解释、取舍、补正、排除，判断证据体系是否完美还原了原始犯罪现场（证据场）或者无法还原，最终通过一系列司法活动形成案件事实（理性认识）认定。这一过程充分体现了从生动的直观到抽象的思维，并从抽象的思维到实践的认识论逻辑。场证据思维强调认识过程中主客体的交互作用，特别是检察官通过不断积累司法经验在观念中构建的犯罪场证据体系（理性认识），其在与侦查场进行不断比对、交互影响的动态认知过程中，最终形成案件事实。

语言与思维的关系是场证据思维的重要内容。场证据思维是法律事实认识的工具，对法律事实的准确、高效认识是场证据思维的目的，而场证据思维的工具则是语言。维特根斯坦认为，语言是人类生活的“游戏规则”，语言的边界就是思维的边界。没有语言，思维就无法存在。萨丕尔－沃尔夫的语言相对论（Linguistic Relativity）认为，语言的结构和词汇会影响说话者的思维和世界观。场证据思维尤其重视语言特别是文字的作用，主要有四个方面原因。第一，语言是思维的表达工具，语言是人类用来表达思想、传递信息和交流的符号系统。第二，语言是思维的组织工具，语言不仅是表达思想的工具，也是组织和结构化思想的工具。语言的语法、词汇和逻辑规则为思维提供了框架。第三，语言塑造思维，语言不仅仅是思维的工具，它还对思维本身产生影响。不同的语言可能塑造不同的思维方式。第四，思维反作用于语言，思维的复杂性也会推动语言的发展。基于上述原因，如何精细化描述犯罪现场或者说出席法庭前如何精细化制作案件审查报告、出庭公诉如何精细化描述犯罪过程实现精准指控，就是场证据思维下办案的必然要求与结果，完全符合哲学认识论的基本规律。因为只有将思维过程以文字或者语言的形式表现出来，才能不断提高思维能力，提升思维的广度和精度，实现对犯罪的完美追诉。当然，随着科学证据时代的到来，随着物理新规律的不断更迭、新技术的不断迭代与应用、新犯罪形态的不断出现，虚拟图谱证据甚至量子科技等开始出现，法律思维变得更加抽象，外在表现方式会变得更加直观甚至重现，几千年来人类社会通过口头与文字表达来实现指控犯罪的方式，可能将会被人工智能甚至量子化条件下的犯罪现场重建图谱取代。

（二）系统论：整体主义证明观

系统论是一种科学理论体系，一种哲学世界观和方法论，系统论的核心思想是系统的整体观念。古希腊哲学家亚里士多德提出“整体大于部分之和”的论断，他认为，一个整体不仅仅是各个部分的简单组合，而是通过各部分之间的相互作用和协调，产生出新的功能和特性。这种整体性是系统的核心特征，体现了事物的内在联系和相互依赖。科学系统论创始人贝塔朗菲认为，任何系统都是一个有机的整体，它不是各个部分的机械组合或简单相加，系统的整体功能是各要素在孤立状态下所没有的性质。一个系统是由多个相互关联、相互作用的子系统组成的，系统的整体功能大于各部分功能之和。

基于对微观世界的精细化审视的考虑，场证据思维非常重视对单个证据的分析，基于“场”的系统化考虑，场证据思维亦重视对证据的系统化整体综合分析，且单个证据的分析需纳入整体证据中去评判，是一种整体主义的证明观，是系统论思想在刑事司法领域的具体运用。主要有以下特征：第一，整体性特征。场证据思维将刑事证据视为一个具有“整体大于部分之和”特征的系统。单个证据信息往往只能提供片段化的证明价值，但当多个证据在特定的犯罪场景中相互关联、相互印证时，证明力会显著增强。例如，一个指纹物证可能仅能证明某人在现场出现过，但当它与现场的足迹、监控录像、证人证言等其他证据相结合时，就能形成一个完整的证据链，锁定嫌疑人的犯罪行为。第二，证据协同网络。场证据思维引导办案人员根据在案证据材料构建起观念的犯罪场，将单个证据放入该场中去认识和判断。这种思维模式要求办案人员不仅要关注单个证据的真实性，还要考虑该证据与其他证据之间的关联性、一致性、矛盾性。通过分析证据之间的相互关系，可以发现证据链中的薄弱环节，从而引导进一步的侦查工作，完善以证据为中心的指控体系。第三，动态性与目的性。系统论强调系统的动态性和目的性，在刑事司法实践中，证据体系也是一个动态的系统，随着侦查工作的深入，新的证据不断被发现和补充，证据之间的关系也会发生变化。场证据思维要求办案人员不断更新和调整证据体系，以确保其完整性和证明力，最终目的是通过证据体系的构建，还原犯罪事实。

（三）矛盾论：证据分析的辩证法则

矛盾论是经典哲学的重要组成部分，它强调事物的普遍联系是通过矛盾实现的，一切事物的运动、发展和变化都离不开矛盾。矛盾分析法，是基于矛盾论中关于矛盾的普遍性与特殊性，主要矛盾和次要矛盾等原理形成的一种分析问题、解决问题的方法。核心思想是通过揭示事物内部的矛盾及其运动规律，找到解决矛盾的途径，从而推动认识的发展，是一种科学的思维方法。

场证据思维在证据分析和判断时始终坚持矛盾分析法的基本原理，或者说，场证据思维下的证据审查方法，就是精细化审查出单个证据、证据之间存在的所有问题即矛盾，运用逻辑、经验法则去解析这些矛盾，得出矛盾是否排除的明确结论。第一，坚持矛盾的普遍性与特殊性。证据与待证事实、证据与证据之间、单个证据与证据场之间的矛盾是普遍存在的，并且贯穿于犯罪现场还原的全过程。同时，每个具体案件中的矛盾都有其特殊性，表现为不同案件的矛盾具有不同的性质、形式和解决方法。找出矛盾、分析矛盾、排除矛盾以及矛盾无法排除，是证据分析的最重要功能和目的，通过对证据矛盾进行补正或合理解释，推动认识的发展，最终形成案件事实的内心确信。例如，在受贿案件中，行贿人证言与受贿人供述在金额、时间等基本要素上可能存在高度一致，但在交付款项的具体情境描述上存在细微差异，这些“合理矛盾”有可能说明了证据内容的真实性。第二，注重分析主要矛盾与次要矛盾。主要矛盾是决定案件事实认定的关键因素，而次要矛盾则是在一定条件下对主要矛盾起辅助作用的因素。办案人员需要抓住关键事实的关键证据这一主要矛盾，通过分析矛盾产生的原因、背景，在场证据体系中去判断该矛盾是否能够排除，是否能够进行合理解释。例如，在一个复杂的经济犯罪案件中，资金流向可能是主要矛盾，而交易时间、地点等细节则是次要矛盾。通过抓住主要矛盾，可以更有效、更精准地还原案件客观事实。第三，坚持对立统一的思维方式。矛盾的核心特征是“对立统一”，即矛盾的双方既相互对立，又相互依存，并在一定条件下相互转化。在证据分析中，这种思维方式要求办案人员既要看到证据之间的对立面，也要看到它们的统一性。例如，证据之间的矛盾可能表明存在虚假证据，但也可能是由于侦查工作的疏漏或证据的自然特性所导致的，通过深入分析矛盾，可以更准确地判断证据的合法性、客观性和证明力程度。

三、我国刑事诉讼制度框架下场证据思维的功能价值

场证据思维具有深刻的哲学根基，同时聚焦中国特色刑事诉讼制度，某种程度上也是对制约构建以证据为中心的刑事指控体系的诸多制度因素的有益补阙。考察世界检察官制度的设立初衷，检察官“史源于侦查”，其角色目标在于追求真相、公平正义、法律监督。而在一众诉讼角色中，警察的核心职能是侦查犯罪，往往需要大胆假设；检察官的核心职能是在客观公正立场下，通过证据审查还原事实并决定是否追诉、实现完美追诉；法官的核心职能是通过司法程序控制追求真相这一终极目的中的可靠性并中立裁判，具有被动性；律师的核心职能是对抗性辩护或通过协商以实现当事人权利最大化维护，具有协商性、意思自治性、倾向性。为了在刑事诉讼中追求事实真相，以德日为代表的大陆法系通过赋予检察官侦查或者落实刑事侦查主导权来实现，英美法系主要通过控辩双方平等武装对抗，贯彻直接与言词原则来实现。具体到我国，刑事诉讼遵循侦控审分离原则，检察官办案的方式包括审查侦查机关制作移送的书面卷宗，通过建立场证据思维，旨在现有刑事诉讼制度框架下，尽量克服书面卷宗主义侦查模式、笔录中心主义证据制度对事实认定、追诉犯罪的负面影响，让检察官通过增强办案亲历性，以精细化审查降低诉讼风险，同时增强办案和法律监督质效。

（一）场证据思维的实践升级

司法实践中，证据审查与事实认定的方式主要有印证模式和自由心证模式，而印证模式在我国司法办案中占据主导地位。印证模式是通过证据之间相互支持、协调一致形成闭合证据链条来证明案件事实的方法，可以减少主观随意性，增强事实认定的稳定性和可检验性，有助于防范冤假错案。但不容忽视的是，在办案实践中，适用印证模

式有偏差。一是机械化适用出现形式印证掩盖实质真实。印证模式要求证据之间无矛盾，“为印证而印证”容易出现取证异化，如为获取印证所需的“证据之王”口供可能诱发非法取证，或者发现矛盾证据可能裁剪证据出现选择性使用，抑或为了形式上印证而隐匿、伪造证据，如虚假侦查问题。二是教条化适用造成疑难特殊案件的司法规避。印证的前置要件是多个证据，且要求证据形成“闭环”，实务中，对于证据稀缺的个别案件（如毒品案件），仅有间接证据的案件，性侵、贿赂等密室案件，一对一等缺乏第三方证据的案件，司法实践中容易因缺少印证无法定案，教条适用印证导致放纵犯罪或强迫自证其罪的两难困境。

基于此，场证据思维有助于提升印证模式的应用价值。首先，场证据思维并不否认印证模式，而是对印证模式的完善升级。在场证据思维方式下，强调犯罪场—侦查场—证据场的横向场域映射，应然场与实然场的纵向对比以及各场之间的立体网络化关联。如果说传统印证模式多在犯罪场内发生作用，依赖的亦是犯罪场内的“证据点对点匹配”，那么场证据思维下的印证将突破这一局限，范围更宽，视角更广，在各场内部及各场之间构建证据网络，实现从“证据间印证”到“证据场闭合”的跃升，从而帮助突破形式印证，最大限度接近实体真实。例如，针对虚假侦查问题，将犯罪场内证据与侦查场证据关联，并分析各自应然场与实然场证据，大概率能发现虚假印证问题。其次，场证据思维强调应然场与实然场的对比分析，将实际收集的证据与应当存在的证据比对，识别缺失证据的原因，并通过逻辑推理填补证据链断裂，这与自由心证模式有异曲同工之处。在证据稀缺但个别证据证明力较强的场合，或者证据存在矛盾冲突的场合，运用场证据思维回溯犯罪和侦查过程，重建犯罪现场和侦查现场，借助逻辑推理与经验法则，对证据的证明力进行判断并“排除合理怀疑”，形成内心确信并认定事实。综上，场证据思维是系统论下的整体主义证明观，是印证模式与自由心证模式的融合运用，同时实现了刚性规则即防止冤假错案与柔性裁量即追求个案正义的兼顾平衡。

（二）场证据思维的方法回应

我国刑事诉讼中，检察官处于“静态化”书面卷宗审查，没有场证据意识或自行侦查、复核证据等亲历性手段较难掌握书面卷宗背后的侦查措施和行为，一旦侦查人员因疏忽过失怠慢侦查或因故意违法侦查时，检察官据书面卷宗作出的司法判断与决策极具诉讼风险。

基于此，在中国刑事诉讼从“侦查中心主义”向“审判为中心”转型的背景下，检察官构建以证据为中心的刑事指控体系，要规避书面卷宗主义带来的刑事诉讼风险，一个很重要的方面便是增强办案亲历性。实务中主要是检察官对卷宗证据进行复核，但检察官毕竟不是侦查员，对每个证据复核既无必要也不现实，因此需要重塑亲历性审查方法。场证据思维体系下，通过观念上的亲历审查和现实中的证据复核、自行侦查，共同服务于还原案件真实的审查目的。通过观念上“身临其境”的亲历审查，以动态证据观突破静态卷宗束缚，成为“事实重构者”。具体而言，场证据思维要求证据审查从“纸面走向空间”、事实认定从“线性推导转向立体建构”，检察官要根据书面卷宗前溯至犯罪场、侦查场，以侦查角色代入反向侦查，全面掌控侦查主体诉讼行为，了解证据生成，识别侦查违法，并对书面卷宗中可能存在的反常行为、结果、未出现的沉默证据等进行证据场重构，最终搭建出事实“拼图”。

（三）场证据思维的风险回避

认罪认罚从宽制度从试点到推广再到立法确认直至成熟深化，在优化司法资源配置、平衡效率与公正、促进社会矛盾化解等方面发挥了积极作用。“两高三部”《关于适用认罪认罚从宽制度的指导意见》中明确了办理认罪认罚案件的诸多证据审查要求，首先，即便犯罪嫌疑人认罪认罚，仍要对全案证据进行审查，禁止因认罪认罚降低证据要求和证明标准，确保达到“事实清楚，证据确实、充分”的法定证明标准，防止冤假错案（第3条）；其次，重点对犯罪嫌疑人认罪认罚的自愿性、内容的真实性审查，要通过证据印证避免虚假认罪（第6条）。以上规定的目的就在于简化诉讼程序、提高办案效率的同时，也要控制“证据懈怠”。然而，从该项制度实践来看，仍有一些风险存在。一是自愿性保障不足下的“隐性强制”风险。部分犯罪嫌疑人因对法律后果认知不足、证据强度不掌握导致的信息不对称，受“量刑优惠”诱导或为尽快获释可能违心认罪。二是证据规则适用的松动。认罪认罚从宽制度背景下，认罪供述成为证据体系核心，其他证据的补强功能被一定程度弱化，致使实务中出现重口供、轻物证的风险，只要犯罪嫌疑人认罪，就容易简化证据收集，从而引发“口供中心主义”回潮。三是律师参与见证对抗不足。认罪认罚从宽制度背景下，辩护律师在认罪认罚案件中多扮演见证人角色，同时因程序简化和保障不足，律师有时没有充分阅卷或调查取证，难以对证据合法性、事实细节甚至基础事实提出有效质疑。

基于此，认罪认罚从宽制度的实践运行风险不可忽视。场证据思维，强调的一个重要方面即是应然场与实然场证据的分析比对，哪些证据可以补充，哪些证据可以解释，哪些矛盾能够排除，并以此推动证据问题解决，最终构建证据场认定犯罪事实。因此，场证据的思维方法能够回避认罪认罚从宽制度运行中的风险，对已发生的犯罪事实进行复位，更重要的，在场证据思维指引下，能够通过继续补充侦查、自行侦查推动提升侦查机关证据收集能力和取证质量，也能通过场证据思维训练提升检察官案件审查能力和出庭公诉能力，整体提升执法司法水平，实现公平与效率的双重目标。

（四）场证据思维的控权规制

检察官在刑事诉讼中具有起诉裁量权，加上近年来司法责任制、捕诉一体、认罪认罚从宽、量刑建议等一系列改革多重叠加，集中了批捕起诉（包括引导侦查、自行侦查）权，赋予了量刑主导权，再加上在轻罪为主的犯罪结构下，不起诉权力扩张，检察官集多项权力于一身，如不实现精细化实质审查，自然也会对刑事证据审查与事实认定带来风险。刑事案件往往是司法责任追究的主阵地，更需强化内部管理，降低司法责任风险。

基于此，刑事诉讼中要达到控权规制以保障正确指控的目的，在案件管理上需激发部门负责人案件审核、检察官联席会讨论、检委会业务决策功能，在质量管理上需强化案件质量评查、错案司法责任倒查追究，但这些均建立在清晰行权的前提之上。场证据思维是主客观相统一、亲历办案的一种方法，其强调要以精细化审查报告为载体，在场证据思维下对犯罪场、侦查场、证据场回溯重构，明确检察官审查办案逻辑路径、事实证据精细分析、法律适用准确，通过标准化、透明化、全面化审查，为庭审指控打好基础、做好预判。

四、场证据思维的应用

检察官是唯一参与刑事诉讼全过程，并对刑事诉讼进行全流程监督的诉讼主体，熟练掌握和运用场证据思维能够指导检察官办案实践，通过精细办案、精准监督，构建起以证据为中心的指控体系，将高质效办好每一个刑事案件落到实处。

（一）场证据思维在个案办理中的具体应用

1. 场证据思维重新设定证据定义，提升证明体系构建能力，正确认识证据能力、证明力和逻辑、心证以及科学证明

在单个证据审查以及证据体系构建过程中，场证据思维重点关注以下几个方面：第一，正确认识证据本质。证据与其说是证据材料，不如说是证据信息，因为从证据与待证事实或者说是证明对象之间的关系看，是证据内容中的某证据信息要素起到证明作用，而不是指该份证据。某份证据能够证明证明对象的，不是该份证据的全部内容，而是该份证据内容中的某个证据信息要素，该信息要素或者说是证据信息点，与证明对象是映射关系；一切能够证明案件事实的信息材料均是证据，证据分类并不重要。场证据思维重视对非法定分类证据的提取及其在证明中的价值，主要因其场证据思维条件下，各证据信息要素均对事实认定有重要价值，对事实裁判者形成内心确信具有不可忽视的作用。因此，检察官应尽可能收集犯罪留下的各种主客观证据信息。第二，重点关注侦查措施与侦查行为的合法性。基于侦查场的概念，要全面掌握发破案详细经过（涉及是否虚假侦查，毒品、经侦、国安等案件发案背景调查）、任何侦查措施审批及执行的过程、需要关注的侦查人员基本情况（是否有曾经非法取证的前科、经侦案件中侦查人员背景调查等）。尤其以问题为导向，对于技侦、秘侦等侦查措施的合法性、合理性问题专门做出说明。第三，实质化审查鉴定意见等科学证据。鉴定意见等科学证据的审查判断及采信一直是证据审查中的短板，尤其对鉴定过程、依据的可靠性审查不够，少数检察官主要对鉴定人资格及鉴定意见等作形式审查，对鉴定意见所依据的原

理和方法审查较少。在具体审查方式上，可以委托检察机关内部技术人员进行文证审查，更重要的是检察官自行了解掌握相关科学证据形成的原理和方法。第四，充分运用合理解释等证据规则。实务中案件证据不可能尽善尽美，甚至证据间有矛盾，所以需要在逻辑的框架内解释清楚后予以采信运用，即合理解释规则。合理解释规则也可称为补正规则，就是证据有瑕疵、缺陷，进一步补充证据改正和使用说明，刑事诉讼法及相关司法解释均有瑕疵证据补正后可以采用的规定。所以，在穷尽手段收集证据后，应当运用合理解释规则解释现存的缺陷和矛盾，避免一味作出瑕疵证据不具有合法性的否定评价。

基于场证据思维的证明体系构建需要注意运用以逻辑、经验和印证规则建立证明体系，最终形成心证。特别是在案件证据存疑的情况下，为什么能够形成内心确信，得出全案事实清楚，证据确实、充分的结论，检察官不能简单地说排除了合理怀疑，而应当详细阐释内心确信的基点及形成过程，通过运用认识论、系统论、矛盾论的观点，对证据进行详细分析，合理解释矛盾存在的原因，判断矛盾是否能够排除。如一起毒品犯罪案件，被告人未作有罪供述，一审定罪的主要根据是报案人证言以及开展相关侦查后形成的物证，与被告人电话联系的相关证人证言等，如何运用现有证据排除合理怀疑，形成心证：第一，全案发案破案自然真实，排除了报案人有意栽赃陷害被告人，侦查机关侦查重大错误的可能性。第二，报案人证言证实了本案被告人犯罪事实的全过程，内容真实清晰自然，且与相关证人证言、侦查获取物证相互能够印证，基本形成被告人将毒品交与报案人的证据锁链。第三，通过侦查机关对被告人基本情况的调查，能够证实被告人系涉毒人员，且案发后长期潜逃不主动到案说明情况，能够增强认定被告人实施犯罪的内心确信。第四，被告人辩解侦查机关物证取证程序不合法，系报案人陷害的理由，综合全案证据来看不成立。对于个别证据瑕疵，如未能在毒品上取到被告人指纹的问题，能够合理解释。毒品案件证据本身比较稀缺，通过司法解释确立了相应推定的证据规则来看，证据标准及证据证明标准相比其他案件类型较低，且现在侦查手段往往亦不能穷尽所有手段来排除其他可能性，故通过关键证据的客观真实性、侦查行为的合法性等综合判断，适用法律逻辑、经验法则作出排除合理怀疑的内心确信就是毒品案件定案的重要方法。因此，根据全案证据来看，能够形成内心确信是被告人实施了本案贩卖毒品的行为。

2. 以场证据思维提升引导侦查能力，精细引导侦查取证，完成犯罪现场重构

场证据思维要求检察官应当具备相应的侦查能力，要在观念上构建犯罪现场、犯罪人为线索的“场”及以侦查人员为线索的现场，判断案件应当有哪些证据，已经有哪些证据，并将二者进行比对，精细化引导侦查取证，补齐证据断链。对于不能证明的待证事实，要逐一细分若干待证事实，逐一写明补充侦查取证提纲，详细说明现有证据能证明什么，不能证明什么，还需要调取何种证据，列明该证据名称以及需要调取的证据内容，需要与什么证据相互印证。精细化补证提纲的目标是提升取证的目的性、时效性，让侦查人员能够明白证据缺什么、怎么补，尽可能构建完美的证据场，完成犯罪现场重构。

以权某某故意杀人案为例，该案发生于某市一郊区偏僻树林内，案发多天后，被害人尸体才被发现，现场没有任何有关权某某的活动痕迹，侦查人员根据案发相同时段权某某及被害人收集基站信息，显示二人手机同时有开关机行为，于是锁定并抓获权某某，权某某到案后零口供。案件侦查阶段，承办检察官提前介入侦查，结合多年办案

经验在观念中构建命案类案证据场，从被害人及其活动轨迹、权某某及其活动轨迹、权某某社会关系、犯罪现场证据收集等方面提出详细、全面、可操作的侦查提纲，引导侦查机关尽可能获取所有有关证据，夯实证据链条。针对犯罪现场留有第三人生物检材的证据矛盾，引导侦查机关全力查找第三人，排除参与作案可能，侦查机关历时 4 个月找到相关人员，并通过证据固定排除了其作案可能性。在权某某始终拒绝供认的情况下，以观念上的证据场引导侦查机关不放过任何蛛丝马迹，全面穷尽收集各类证据，在零口供的情况下，依然完成对犯罪的追诉，权某某最终被判处死刑并被最高法核准立即执行。

3. 以场证据思维制作精细化审查报告，为检察长决策提供基础性根据，高质效履行追诉犯罪和诉讼监督职责

场证据是一种思维方式。在我国检察官制度下，检察官要向上级检察官、负责监督评查等职责的检察人员报告办案情况，有的案件需由检察长作出司法决定。检察长要作出正确决定，场证据思维下精细化审查报告则是检察长决定的基础。

法律的生命在于实施，法律的实施依赖于司法办案人员的逻辑与经验。法律文书作为法律实施的载体，是逻辑与经验的集成。通过法律文书，能够将枯燥深奥的法律条文适用于纷繁复杂的现实案件，从而实现化解矛盾的司法功能。好的法律文书，能够直接体现办案人员事实甄别和证据筛查的能力，以及法律适用和司法政策把握的水平，能够直接反映办案人员内心确信形成的全过程。办案人员内心确信的过程属于运用逻辑与经验法则的高级主观意识活动，具有极强的隐蔽性与复杂性，这种复杂的心理活动需要通过合适的方式表现出来才能为他人深知并认可，其法律文书才能为公众所接受。审查报告是检察官履行侦查（引导侦查）、批捕、起诉、出庭公诉、诉讼监督全链条

办案的基础，是办案过程最直观的反映。笔者以为，审查报告是最重要的法律文书，是最能体现检察官个人特质的法律文书。场证据思维下审查报告的制作要求实现精细化，通过精细描述、分析、论证案件事实、证据、法律适用意见，最大限度将前文所述场证据思维过程呈现在报告中，能够直接体现检察官事实甄别、证据筛查能力，以及法律适用、司法政策把握的水平，能够全面反映检察官内心确信形成的过程。场证据思维下的精细化审查报告的制作需要注意以下方面：

一是以“犯罪人场思维”写明犯罪嫌疑人及相关人员的基本情况。要写明犯罪嫌疑人智商、性格等对于实施犯罪、侦查破案、矫正回归等方面的影响，包括人身危险性、社会危险性评价，基本勾勒犯罪嫌疑人走上犯罪道路的原因与过程，该嫌疑人事后矫正的可能性评估等。对于辩护人基本情况，说明辩护人辩护风格及阅历。写明嫌疑人、辩护人的意见。

二是以“侦查场思维”写明侦查机关工作情况。包括发立破案经过、侦查机关采取的侦查行为、强制措施等情况，必要时要对侦查基本逻辑做针对性分析。要对侦查人员、侦查措施与侦查行为全面掌握，了解侦查措施审批及执行的过程、需要关注的侦查人员基本情况。对于技侦、秘侦等侦查措施的合法性、合理性问题专门做出说明，全面、客观掌握侦查行为形成的侦查场以及相关证据，分析判断发破案是否真实、自然，证据获取是否合法、客观。

三是以“犯罪场思维”写明审查认定的案件事实。根据在案证据情况，对犯罪衍生的全部过程以场证据的方式全面回溯式描述，不放过任何细节。包括但不限于：犯罪意图的产生（包括人与社会、自然的环境）、为犯罪做的准备、犯罪着手实行、犯罪过程、犯罪结果及相关环境，从犯罪意图产生直至犯罪结果发生的相关参与人员介入犯罪的时间、地点、身体情况、心理状态、外部环境等，相关犯罪工具等物证、书证等使用、出现的细节，抓获犯罪的过程及现场情况。这部分越细致越好，要注意两个方面：第一，所有事实细节须有相应证据充分证明，否则不能写入事实部分；第二，根据“应然的场”的观念分析，重要的事实细节因证据不能充分证明，虽然不能在该部分写明，但是须在需要说明的部分专门予以说明。

四是以“证据场思维”写明证据分析。该部分证据分析的基本逻辑与方式是矛盾分析法，即按照场证据思维，要以“应然的场”与“实然的场”进行观念上的比对，对在案证据是否形成证据全链进行以“是否存在问题与矛盾，是否能够补正、合理解释、矛盾排除”为导向的证据分析，主要写作事项包括：证据来源、证据摘要、证明对象、证据分析等部分。第一，单个证据分析，主要是分析论证证据的证据资格即关联性与合法性问题，对于单个证据能够证明待证事实的也要论证证明力问题；对于发破案情况、技侦秘侦侦查措施获取的证据、书证、物证、电子证据、鉴定意见等证据必须要进行单个证据分析。第二，多个证据或者说是分组证据、全案证据分析。分析逻辑已详细阐述，此处不再赘述。

五是以“犯罪场、侦查场、证据场思维”写明继续侦查提纲、补充侦查提纲。检察环节构建以证据为中心的刑事指控体系，实际上就是不断对侦查及其取证进行完善的过程。尤其对于尚处于侦查阶段的审查批捕审查报告，除了上述基本写作要求外，重点是在该环节要写明继续侦查提纲，检察官要继续引导侦查机关按照起诉标准完成后续侦查工作，防止司法实践中存在的侦查机关“捕后不侦”等现象。一言以蔽之，批捕环节审查报告重点写继续侦查。关于审查起诉环节审查报告，对于需要退回补充侦查的案件，也要重点写明补充侦查提纲。

对于侦查提纲的写法，也要按照场证据思维精细化写作，要按照一事一证的方式具体到取证的目的、方法、种类、与其他证据印证关系等细节。

六是法律适用分析。需收集与该案类似的参考性判例，并解释参考适用或者不能适用判例的理由。通过三段论的方式，详细阐明法律条文与事实之间的法律适用关系。如果涉及参考判例，还要使用类比的法律逻辑方法阐述。对于法律规范之间、与政策之间的关系，也需要做法律规范争端的分析研究。

七是量刑计算。要根据相关规定写明刑种与刑期的详细计算过程，也要根据情况写明相关判例以及地方量刑的均衡情况。

4. 以场证据思维提升证明犯罪能力，精细制作出庭预案，全面履行证明及说服责任

出庭指控和证明犯罪是检察官的基本职责，出庭预案是精细化审查报告的必备部分，是检察官履行好出庭责任的重要抓手。一个优秀的公诉人必须自己制作出庭“三书一纲”，全面熟悉掌握案件全部细节与可能适用的法律以及其他知识。在场证据思维指导下，举证提纲要合理编排，检察官不仅要出示单个证据，更重要的是要运用场证据的观点和思维方式将证据以证据集群的方式进行编排组合，合理取舍摘录言词证据，恰到好处出示相互印证的物证、书证、视听资料等证据，并对证据的证明事项、与其他证据的关系进行详细论证说明。编排举证提纲就是再次熟悉案情和证据，能够帮助公诉人打下坚实的证据基础，自如应对庭审。公诉意见书是法庭辩论阶段首次发表的系统、全面的辩论意见，因此要结合举证、质证，全面阐述公诉观点、理由和依据，必要时进行法庭教育。准备答辩提纲时要充分、全面预测辩

点，注意临场应变，有理有力有节地回应辩方观点。

检察官出庭的目的之一是以证据为基础说服合议庭采信检察机关的指控观点，虽然是职业共同体，但基于诉讼角色定位的不同，检察官和法官存在明显的思维差异，法官有天然的中立要求。作为职业共同体，检察官要利用场证据思维向法官阐述证据是否达到确实充分的程度、解释逻辑、推理运用过程，以场证据思维说服法官认同检察机关的指控逻辑和意见。以被告人当庭翻供为例，最高法《关于适用〈中华人民共和国刑事诉讼法〉的解释》第96条第2款规定，被告人庭审中翻供，但不能合理说明翻供原因或者其辩解与全案证据矛盾，而其庭前供述与其他证据相互印证的，可以采信其庭前供述。该款系对被告人翻供如何判断证明力所作的规定，在庭审上翻供，没有合理理由、没有明确的刑讯逼供线索，同时其他证据与以前的供述能够相印证的，应当采信之前的有罪供述，这就是被告人翻供的采证规则。在法庭质证和辩论的时候，以及在对法院和法官履行说服责任的时候，善用该规则进行分析解释，就有助于全面充分履行好说服责任，以最终实现检察机关的指控目的。

（二）场证据思维在人工智能时代的场景应用设想

在数字化时代，刑事案件犯罪场产生了大量数字证据，传统刑事证据也均可以被数字化，从而被人工智能所理解和应用。同时，随着人工智能的加速发展，比人类更加聪明的通用人工智能（AGI）将最终实现。未来人工智能时代刑事案件犯罪现场的重构必然走向自动、智能，在与司法工作人员的逻辑、经验深度融合后，实现犯罪现场的完美还原。场证据思维可以与人工智能、大数据、区块链等技术深度融合，为人工智能时代刑事司法实践开辟全新的方法论路径。

1. 人工智能可以扩展语言界限，为犯罪场完美还原提供新的途径

人工智能，特别是全新[①]人工智能可以更加高效地感知案件事实，可以比人类更加准确地感知记录存储数据，且人工智能不会像人类一样有疲劳和疲惫感，不会受到这些及其他因素影响感知事实的客观性。借助人工智能还可以全面分析言词证据提供者的表情、语态、生理指标等信息，对情态证据进行审查，以帮助确定言词证据的可信性。更重要的是，人工智能能够基于对全案证据的分析思考，来还原或者重建案发过程和犯罪现场，甚至可以模拟侦查实验，模拟各种犯罪行为，以查明客观案件事实与犯罪行为的对应关系，配合使用虚拟现实技术可以将原始犯罪现场图谱化、可视化。

人工智能的前提是证据实现数字化，而证据数字化可以帮助办案人员突破语言的界限。具体来说，数字化证据为人工智能提供学习素材和认知要素，帮助其训练证据思维，同时反馈到取证前端，在证据生成环节，所有证据都借助人工智能被完整、准确地记录，言词证据等语言表达证据不仅被文字记录，表达者的表情、语态等多维度的信息也将被如实记录进入证据审查环节，所有与证明案件事实有关的信息都被录入，已经超越了语言表达的局限，也就超越了人类思维的局限。在证据审查环节，基于自然语言处理技术，人工智能在海量的证据数据中学习，掌握每一种证据信息的提取和处理方式。可通过自然语言处理（NLP）和图像识别技术，快速分类海量证据，提取关键信息，以规范语言标准分析证据、认定事实，帮助克服检察官的语言或思维局限。如，在电信诈骗、网络犯罪等案件中，高效分析通话记录、聊天日志、交易数据等，识别异常模式（如高频转账、敏感关键词）。

---

① ［德］埃里克希尔根多夫：《数字化、人工智能和刑法》，江溯、刘畅等译，北京大学出版社2023年版，第387页。

通过深度学习检测图像篡改痕迹（如 PS 痕迹、深度伪造视频），辅助判断视听证据的真实性。区块链与 AI 结合可追踪电子证据的生成、传输路径，验证其是否被篡改。通过知识图谱技术，将碎片化证据（如证人证言、物证、勘验记录）关联起来，可视化展示案件逻辑链条，帮助检察官或法官发现矛盾或遗漏。特别是在复杂案件中，还可以还原事件时间线，分析嫌疑人行为模式（如行踪轨迹、资金流向）。可基于历史案例数据库，提示证据链薄弱环节（如缺少直接物证、证人可信度低），减少冤错案风险。

2. 场证据思维是走向人工智能时代犯罪现场自动重构的基础

基于人工智能的特点，利用人工智能构建“类案场证据模型”具有现实可能。基于类案特征库，模型可自动识别案件中的关键证据类型（如 DNA、指纹、电子数据），并对证据的完整性、合法性进行初步筛查，实现证据的自动识别与筛查。可以通过构建证据间的拓扑关系网络，量化评估证据间的关联强度，识别证据链条的薄弱环节，实现证据关联度分析；还可以根据案件特征与证据缺口，生成动态取证建议，指导侦查人员补充关键证据。最终模型可以通过整合多源证据，自动生成证据场可视化图谱，帮助检察官直观把握全案证据体系，实现证据收集、审查、判断的智能化与精准化，显著提升司法办案质效。

场证据思维作为一种融合客观规律认知与主观逻辑推理的司法认识的思维方式，为人工智能时代犯罪现场的自动重构提供了底层思维框架。其核心在于通过应然场与实然场的动态交互、证据集群的体系化构建以及多维度关联分析，为技术赋能司法提供方法论支撑。这种思维方式与人工智能的算法逻辑、数据处理能力形成天然耦合，成为实现犯罪现场智能重构的核心驱动要素。第一，场证据思维的结构性、系统性优势为智能重构提供理论支持。场证据思维的本质是将犯罪现场视为由时空场域内物质、能量、信息交换形成的有机整体，强调从应然犯罪场的完整性假设出发，反向推导实然证据场的构建路径。这一思维特性与人工智能的“模型训练—数据验证—动态优化”逻辑高度契合。第二，场证据思维的动态性、关联性为证据网络构建提供逻辑起点。场证据并非孤立存在，而是通过时空交互形成复杂关联网络。场证据思维强调从“证据集群”而非“单一证据”视角分析案件，这为人工智能构建证据间的动态关联模型提供了思维框架。第三，场证据思维的认知框架为人工智能技术应用划定法律价值边界。尽管人工智能在数据处理效率上远超人类，但其决策仍需依赖场证据思维的司法认知框架避免技术异化。一方面，场证据思维要求司法人员既追求证据完整性又承认客观局限性，防止技术决策陷入机械主义。另一方面，场证据思维对侦查行为本身的合法性审查（如技术侦查是否超越权限、证据收集是否破坏原始场域），为人工智能增加“证据获取过程溯源”模块提供了需求导向。例如，结合区块链技术，人工智能可对电子证据的生成、传输、存储全流程进行哈希值校验，同时运用场证据思维中的侦查场概念，分析侦查行为对原始犯罪场的干扰程度，在证据采信时自动评估“侦查介入导致的证据污染风险”，确保技术应用符合刑事诉讼合法性、真实性要求。

未来犯罪现场的自动重构并非人工智能独立实现，而是场证据思维与人工智能的深度协同。司法工作人员特别是检察官运用场证据思维形成的“证据完整性审查清单”“矛盾证据排除规则”等司法经验，可转化为人工智能的决策规则库，提升人工智能对特殊类型证据的识别能力。同时，算法在处理新型犯罪（如暗网交易、元宇宙犯罪）时发现的证据关联模式，可反向丰富场证据思维的应用场景，形成“实践经验—技术反哺—理论迭代”的闭环。

一般自首司法认定的逻辑厘清与要件解构

纪丙学*

一般自首，又称典型自首，是指我国刑法第67条第1款规定的，犯罪以后自动投案，如实供述自己的罪行的行为。为正确适用自首的规定，最高人民法院、最高人民检察院相继发布一系列司法解释和规范性文件，对指导司法办案发挥了重要作用。但实践中认定自首仍时常出现争议。为此，笔者梳理了近年来司法实践对一般自首的认定争议，归纳了争议焦点，结合自首的本质，对成立要件进行了解构，以期促进司法统一。

一、问题的提出

我国1979年刑法第一次在刑法中规定了自首制度。为正确适用自首制度，最高人民法院、最高人民检察院、公安部1984年联合发布《关于当前处理自首和有关问题具体应用法律的解答》。1997年刑法修订，规定了自首的概念和成立条件。此后，最高人民法院、最高人民检察院相继发布了一系列司法解释、规范性文件，包括1998年最高人民法院《关于处理自首和立功具体应用法律若干问题的解释》（法释〔1998〕8号，以下简称《解释》），2004年最高人民法院《关于被告人对行为性质的辩解是否影响自首成立问题的批复》（法释〔2004〕2

* 纪丙学，最高人民检察院普通犯罪检察厅办公室主任、一级高级检察官助理。

号，以下简称《批复》），2009年最高人民法院、最高人民检察院《关于办理职务犯罪案件认定自首、立功等量刑情节若干问题的意见》（法发〔2009〕13号）和2010年最高人民法院《关于处理自首和立功若干具体问题的意见》（法发〔2010〕60号，以下简称《意见》）。上述关于自首的主要规定，构成了自首的制度体系。

基于此，笔者对2010年以来某地司法实践中认定一般自首存在争议的案件进行分析，发现自动投案更易出现争议，且争议较集中，主要表现在：（1）投案时间中“犯罪嫌疑人虽被发觉，但尚未受到讯问、未被采取强制措施”如何理解？如犯罪嫌疑人已被讯问，但未被采取强制措施，接到民警口头或书面通知后自行到公安机关的，能否认定为自动投案？强制措施仅指拘留、逮捕等剥夺人身自由的措施，还是指刑事诉讼法规定的所有强制措施？如犯罪嫌疑人取保候审期间脱逃，接民警电话通知后又自行到案的，能否认定为自动投案？犯罪嫌疑人取保候审期间又犯罪，主动到公安机关投案的，能否认定为自动投案？（2）形迹可疑型自动投案[①]中，“形迹可疑”“罪行尚未被司法机关发觉”，以及例外情形如何理解？“形迹可疑”与“犯罪嫌疑”如何界分？“罪行尚未被司法机关发觉”的标准如何把握？（3）现场等待型自动投案[②]中，是根据行为人客观上能否逃离现场判断，还是结

① 《解释》规定，罪行尚未被司法机关发觉，仅因形迹可疑，被有关组织或者司法机关盘问、教育后，主动交代自己的罪行的，应当视为自动投案。《意见》规定，罪行未被有关部门、司法机关发觉，仅因形迹可疑被盘问、教育后，主动交代了犯罪事实的，应当视为自动投案，但有关部门、司法机关在其身上、随身携带的物品、驾乘的交通工具等处发现与犯罪有关的物品的，不能认定为自动投案。

② 《意见》规定，明知他人报案而在现场等待，抓捕时无拒捕行为，供认犯罪事实的，应当视为自动投案。

合行为人的主观方面判断？（4）侦查人员已掌握犯罪嫌疑人的犯罪线索或证据，以其他事由通知其到公安机关或者指定地点，能否认定犯罪嫌疑人属于自动投案？

如实供述的争议，则体现在要件各方面。主要表现在：（1）“主要犯罪事实”如何认定？犯罪主观方面是否属于如实供述的范畴？（2）“交代”的认定。犯罪嫌疑人认罪，但因醉酒等原因不能供述犯罪事实的，能否认定为如实供述？（3）“被告人对行为性质的辩解”的认定。何种辩解属于对行为性质的辩解？对行为性质的辩解与对犯罪事实的辩解如何区分？（4）如实供述的时间。“犯罪嫌疑人自动投案时虽然没有交代自己的主要犯罪事实，但在司法机关掌握其主要犯罪事实之前主动交代的，应认定为如实供述自己的罪行”中，“司法机关掌握”如何理解？（5）“如实”的认定。以何作为标准认定“如实”，是客观真相，还是司法认定事实；是依据检察机关起诉指控的事实，还是法院认定的事实？

笔者认为，产生上述争议的主要原因在于：（1）理念层面，混淆了自首的本质与价值。自首的本质使自首区别于坦白、立功等其他量刑情节，解决“是什么”的问题。而自首的价值，是法律规定自首制度的目的，解决“为什么”的问题。（2）规范层面，司法解释碎片化，缺少体系性。《解释》规定了“自动投案”的含义和7种“应当视为自动投案”的情形。《意见》规定了4种“应当视为自动投案”的情形和1种“其他符合立法本意，应当视为自动投案的情形”的兜底条款。《解释》还规定了“如实供述自己的罪行”的含义。这些解释没有统一的标准和依据，大多是针对实践中一些典型争议予以解释，给具体问题一个结论，以解决司法实践中争议较大的自首问题。这些解释没有发挥原则性指导作用，并没有从根本上解决自首认定的问题。[①]（3）证据方面，侦查取证不到位，更多关注定罪证据收集，对量刑证据往往重视程度不够。证明自首的证据主要是“到案经过”，但有“模板化”现象，对犯罪发生后，如何排查并锁定犯罪嫌疑人没有叙述，只简单叙述传唤到案，讯问询问也较少涉及到案情况，这都容易导致因证据问题使自首认定出现分歧。检察引导侦查取证、自行补充取证不足，对发现的线索缺少进一步补证。此外，在执行层面，有的司法人员对自首的规定理解不到位也会导致认定不当。

二、认定一般自首的基本条件

正确认定一般自首，在强化侦查机关对自首证据的收集固定与补充完善基础上，要把握三个条件。

（一）本质条件：区分自首的本质与价值，以自首的本质作为判断自首成立与否的依据

现象纷繁复杂、光怪陆离，而本质相对稳定、一致。只有通过事物的现象认识事物的本质，才能从根本上把握事物并指导人们的实践活动。[②]自首作为一项法律制度，也不例外。自首的本质是“犯罪人出于自己意志而将自身交付国家追诉”[③]，亦即行为人主动提请有关司法机关追诉其所犯罪行。自首的本质蕴含着自首的成立要件，自首的成立要件是自首本质的具体化。司法解释规定了诸多自首成立情形，

① 邓晓霞：《自首制度的理论与实践反思》，中国政法大学出版社 2016 年版，第 225 页。

② 王锐生、薛文华：《马克思主义哲学原理》，高等教育出版社 1993 年版，第 222 页。

③ 周振想：《自首制度的理论与实践》，人民法院出版社 1988 年版，第 40 页。

虽形式大不相同，但都体现了犯罪后犯罪分子自愿将自己的罪行交付国家追诉，所以司法解释将之规定为自首。把握住本质，也有助于解决司法人员面对司法解释碎片化的适用困惑。而价值，经常被界定为客体满足主体需要的积极意义或客体的有用性。[①]国家设立自首制度主要目的在于节约司法资源，提高司法效率。“自首，足以使搜查官吏，立知真实犯人，不致有株连无辜之虞；自首，易明犯罪真相，搜查机关可省无益搜查之手续。”[②]虽然情形各异，均成立自首，但从自首的价值看，是否从宽及从宽幅度要看自首行为对司法资源的节约、司法效率的提升几何。

因此，在这一意义上讲，一般自首中，犯罪事实或犯罪嫌疑人未被发觉时自首的价值一般要大于犯罪事实或犯罪嫌疑人已被发觉。但未受到讯问、未被采取强制措施时自首的价值，犯罪后当即投案自首的价值一般要大于正在投案途中被抓获的价值，也大于犯罪后逃跑，被通缉、追捕过程投案的价值。自行投案的价值一般大于亲友陪同投案的价值，而后者一般又大于亲友送其投案的价值。投案即供的价值一般要大于投案时不供述、在司法机关掌握其主要犯罪事实前供述的价值，投案后稳定供述的价值一般又大于供述后翻供、一审宣判前又供述的价值。简言之，认定犯罪分子是否成立自首，主要看其行为是否符合自首的本质，而对自首的犯罪分子是否从宽及从宽幅度主要看自首的价值大小。

---

① 张文显：《法哲学范畴研究》（修订版），中国政法大学出版社 2001 年版，第 156 页。

② 王谨：《中华刑法论》，中国方正出版社 2005 年版，第 439—440 页。

（二）前提条件：行为人的人身自由未因刑事强制措施受到实际的限制或剥夺

行为人的人身自由未因刑事强制措施受到实际的限制或剥夺，这是区分自动投案与被动归案的主要标准之一。第一，“尚未被讯问、未被采取强制措施”包括既未被讯问，也未被采取强制措施，还包括虽已被讯问，但未被采取强制措施。因为犯罪嫌疑人虽被讯问，但在未被采取强制措施的情况下，人身仍处于自由状态，电话或者书面通知并无强制力，犯罪嫌疑人接到通知后自行到公安机关，仍体现其主动、自愿将自己罪行交付国家追诉的本质。第二，行为人未因刑事强制措施使人身自由受到限制或剥夺。刑事强制措施包括拘传、取保候审、监视居住、拘留和逮捕措施。当然，如果不是刑事强制措施，仍可构成自动投案。《意见》规定，因特定违法行为被采取行政拘留、司法拘留、强制隔离戒毒等行政、司法强制措施期间，主动向执行机关交代尚未被掌握的犯罪行为的，应当视为自动投案。第三，行为人的人身自由未受到实际限制或剥夺，即未被执行强制措施，包括强制措施尚未决定和已经决定但未执行。如逮捕措施还未被检察机关批准，或者已经批准逮捕，公安机关已签发逮捕证，但尚未缉拿到案。

（三）内容条件：坚持主客观相统一

行为人是否构成犯罪，要根据犯罪构成理论，遵循主客观相统一原则进行分析，[①] 认定自首也应坚持这一原则。仅有自首的意愿而没有自首的行为，或者仅有投案的客观行为而没有投案的意愿，都不能认定为自首，尤其是自首的准备、未竟的认定。自首的准备、未竟即没有完成全部的自动投案行为，但体现了行为人愿意将自己及罪行交付

① 王作富：《中国刑法研究》，中国人民大学出版社1988年版，第314页。

国家追诉的意愿，并已有投案准备或者已在投案途中等行为，符合自首的本质。但要注意的是，无论是自首的准备，还是自首的未竟都不能仅仅是一种心理活动，必须有一定的客观行为外在表现。如某故意杀人案中，行为人与女友发生争执后持刀将女友扎死。行为人离开现场后给朋友打电话，说自己扎了女友。见面后朋友劝其自首，行为人同意，把钱包、身份证、手机交给朋友，委托其转交自己父亲，同时表示饿了，吃完饭就去自首。案发后，民警通过技术手段锁定其位置，在行为人与朋友吃饭的饭馆将其抓获。本案中，证人证明行为人被抓获前已有投案的意思表示，证据也证实行为人将其个人物品委托朋友保管，说明行为人已为投案做出客观准备，由此，法院认定属于“经查实确已准备去投案”的情形。但如果仅有要去投案的言语或者文字表述，在有时间和条件的情况下，没有正当理由，也没有进一步的投案行为，不能认定为“准备投案”。

三、自动投案要件的具体解构

自动投案，包含主客观两方面：主观方面，投案必须出于本人意愿；客观方面，包含投案行为、投案对象和投案时间。如前所述，争议主要源于对投案意愿、投案时间把握不准。

（一）投案意愿需是行为人出于本人自由意志将自己及罪行置于有关机关或个人控制之下

投案具有自动性，自动性意味着投案是犯罪嫌疑人基于自己的意志自由而选择的结果，正是这种自动性，使投案与其他被迫归案的形式区别开来。[①]投案意愿包含两方面含义：一是将自己的人身置于有

① 陈兴良：《刑法适用总论（下卷）》，法律出版社1999年版，第473页。

关机关或个人控制之下，自愿接受其控制。对犯罪分子犯罪后虽然报警，但并没有将自身主动置于有关机关控制之下，不能认定为具有投案意愿。如某故意杀人案中，行为人作案后拨打110报警电话称自己砍人了。后民警赶到现场，但行为人拒不听从劝导，坐在高架桥护栏上与民警对峙。后民警趁其不备将其从护栏上拽下。本案中行为人虽报警，但要去高架桥跳桥，在现场与民警对峙较长时间，系被民警趁其不备的情况下从桥上拽下抓获，主观上不具有接受司法追究的意愿，故不能认定为自动投案。二是为让有关机关处理自己的罪行而投案。如果不是为自己的罪行投案，就不能构成自动投案。行为人犯罪后，虽然也去了有关机关或找到有关个人，但并非为投案自首，而是为扭送他人，或者去和被害人评理等，那么，就不算是投于有关机关或个人，当然也就不算自动投案了。[①] 如某故意杀人案中，行为人与被害人素有嫌怨，往年曾发生殴斗，但行为人认为司法处理不公，一直上访。案发当日，行为人持刀扎刺被害人颈、胸部多刀后返回家中。路人报警，民警到现场走访了解到死者与行为人有矛盾，对其调查时其拒绝交谈。民警调阅附近监控，发现行为人有丢弃东西到垃圾桶的可疑行为，通过清洁工查找到带有血迹的衣服、鞋子，认定行为人有重大作案嫌疑，电话通知其到派出所。是日，行为人自行到派出所，但未供述犯罪事实，而是要求民警解决旧事。本案中行为人接到通知后自行前往公安机关，但其目的系为解决其他纠纷，并非就本案接受司法追究。

在认定现场等待型自动投案时，要注意与典型的自动投案的投案意愿是有区别的。后者是行为人主动作为，主动、直接向公安机关、

---

① 周振想：《自首制度的理论与实践》，人民法院出版社1988年版，第47页。

人民检察院或者人民法院投案。但前者是一种消极不作为，行为人明知他人报案后，自愿滞留现场，等待民警到来。其“自愿性”的体现是没有逃离现场的行为。只要行为人没有表现出逃离现场的行为，就应认定为“自愿”，而不能从客观上推断犯罪嫌疑人在当时的情形下即使想逃离也不可能逃离而否定其自愿性。如某故意伤害案中，行为人与被害人系同事，因琐事发生争执，行为人将被害人打伤。其间，其他同事到达并报警。行为人、被害人及其他同事一同到楼下等待民警。民警到达后，行为人即供述了伤害事实。反之，如果犯罪嫌疑人意图逃离，因被他人阻拦、丧失意识等未能逃离现场就丧失了自愿性，则不能认定为自动投案。

对侦查人员已掌握犯罪嫌疑人的犯罪线索或证据，以其他事由通知犯罪嫌疑人到公安机关或指定地点，能否认定犯罪嫌疑人属于自动投案？如某贩毒案中，侦查人员以车辆违章为由将行为人约到公安机关，这是实践中的常见措施。对其，认为成立与不成立自动投案都有一定道理，但也都有一定片面性。首先，要把“自愿将自己的人身置于有关机关或个人控制之下”和“自愿将自己的罪行交予有关机关或者个人处理”结合起来理解。行为人自愿置于有关机关或者个人控制之下，其目的是将自己的罪行交予有关机关处理，或者行为人自愿置于有关机关或者个人之下，虽然最初目的不是为处理自己的罪行，但随后自愿将自己的罪行交予有关机关处理的，均可认定为自动投案。其次，要结合行为人的主、客观方面理解。虽然侦查人员以其他事由通知到案，但行为人知道是要处理自己的罪行而自愿到案的，理应认定为自动投案。如果行为人不知道是要处理自己的罪行而自愿到案，但到案后随即自愿供述自己的罪行的，也体现了将自己的罪行交予有关机关处理的意愿，也可以认定为自动投案。

（二）行为人被采取取保候审强制措施后不能再成立自动投案

行为人的人身自由未因刑事强制措施受到实际的限制或剥夺，是成立一般自首的前提条件。当行为人取保候审期间脱逃，接民警电话通知后又到案的，不能认定为自动投案。第一，将这种情况认定为自动投案不符合刑法关于自动投案的规定。《解释》规定，自动投案是指犯罪嫌疑人尚未受到讯问、未被采取强制措施时，主动、直接向公安机关、人民检察院或者人民法院投案。犯罪嫌疑人被采取取保候审强制措施，已不符合“尚未受到讯问、未被采取强制措施”的时间要求。第二，保证到案是取保候审期间应遵守的义务，因此，犯罪嫌疑人潜逃后又到案是履行取保候审的义务。第三，如果将取保候审潜逃后又到案认定为自动投案，无疑将鼓励犯罪嫌疑人脱逃，相较于其他遵守取保候审义务的犯罪嫌疑人显失公平。第四，此种情形不能与“犯罪后逃跑，在被通缉、追捕过程中，主动投案”情形类比。有意见认为，犯罪后逃跑，在被通缉、追捕过程中主动投案的，尚能认定为自动投案，举重以明轻，取保候审脱逃后接到通知自行到案的，自然也应认定为自动投案。“犯罪后逃跑，在被通缉、追捕过程中，主动投案”不能作文义上的扩大解释，是犯罪嫌疑人尚未被采取强制措施，是指那些犯罪后一直没有被抓捕归案的在逃犯，而不包括归案后又脱逃的情形。同理，行为人取保候审期间又犯罪，主动到公安机关投案的，也不能认定为自动投案。犯罪嫌疑人取保候审期间又犯新罪，因犯罪嫌疑人已因前罪被采取取保候审强制措施，所以不存在自动投案之意，只能按准自首的规定处理，即如果供述的新罪与前罪是不同种罪行，以自首论；如果供述的新罪与前罪属同种罪行，可以酌情从轻处罚，如果供述的新罪是较重的同种罪行，一般应当从轻处罚。

（三）准确把握形迹可疑型自首中“形迹可疑”与“犯罪嫌疑”的区别

形迹可疑的内涵包含两种情况：一是司法工作人员对判断对象的一种主观猜测，主要是基于经验、常理的判断而产生的怀疑，其最本质的特征在于司法工作人员还没有掌握形迹可疑者实施犯罪的任何证据和线索。[①]只是基于行为人的衣着、举止、神态等，根据经验、常理判断可能存在违法犯罪行为。如某伪造身份证件案中，行为人通过他人为自己伪造机动车驾驶证、行驶证各一本。行驶途中被民警查获，证件经鉴定为伪造。民警盘问前并不掌握其伪造驾驶证、行驶证的任何线索或证据，仅是基于工作经验一般性盘问、检查，行为人即供述犯罪事实，应认定为自动投案。二是司法机关虽然掌握一定的线索或者证据，但并不能据此确定其为犯罪嫌疑人。“所谓发觉，必须对犯人之嫌疑有确切之根据，得为合理之可疑者，始足当之，若单纯主观上之怀疑，不得谓已发生嫌疑。”[②]如某故意杀人案中，路人发现死者后随即报警，民警到达现场后走访群众，调阅现场监控录像，发现案发时间段内一男子身穿蓝白相间的上衣在中心现场出入，遂在周边排查，发现行为人身穿同样上衣，便将其带至派出所进行盘问，行为人供述杀人事实。本案中，侦查人员根据监控录像掌握了一定线索，但并不能据此确定行为人为犯罪嫌疑人，盘问时其供述杀人事实，应当视为自动投案。但如果依据掌握的线索、证据，特别是客观性证据，司法

① 张军、黄尔梅：《最高人民法院自首、立功司法解释案例指导与理解适用》，法律出版社2012年版，第51页。

② 台湾“法务部”：《刑事法律问题汇编》（续第四辑），台湾法务通讯杂志社1982年版，第57页。

机关能够将行为人与具体案件之间建立起直接、明确、紧密的联系，依据当时的证据，行为人作案的可能性已经大大提高，达到被确定其为“犯罪嫌疑人”的程度，就不再属于“形迹可疑”。同时要注意的是，形迹可疑型自首的成立，仍是罪行尚未被司法机关发觉。罪行尚未被发觉，包括犯罪事实尚未被发觉，犯罪事实虽被发觉但犯罪嫌疑人尚未被发觉。所谓发觉，是指被司法机关发觉。虽被他人发现但司法机关并未发觉，属于罪行尚未被司法机关发觉。如命案发生后，周边群众知道了，但并没有报警，司法机关尚未得知。“罪行尚未被司法机关发觉”，包括犯罪事实虽已发生，但司法机关尚不知道，没有刑事立案；犯罪事实发生，司法机关已经获知并已刑事立案，但并没有确定犯罪嫌疑人。如命案发生后，司法机关尚未得知、尚未立案，或者虽立案，但并未确定何者为犯罪嫌疑人。如已确定何者为犯罪嫌疑人，则要结合具体情况具体判断。已经明确何者为犯罪嫌疑人，但有关组织或者司法机关的盘问人、教育人，只是因对方形迹可疑进行盘问、教育，而非已锁定其为犯罪嫌疑人。经盘问、教育后，如果锁定了其为犯罪嫌疑人，其主动交代自己罪行的，不能视为自动投案。如果经盘问、教育后，并没有锁定其为犯罪嫌疑人，而其主动交代犯罪事实的，则应认定为自动投案。

当然，要注意把握“形迹可疑型”的例外。《意见》规定，罪行未被有关部门、司法机关发觉，仅因形迹可疑被盘问、教育后，主动交代了犯罪事实的，应当视为自动投案，但有关部门、司法机关在其身上、随身携带的物品、驾乘的交通工具等处发现与犯罪有关的物品的，不能认定为自动投案。要把握以下三点：一是发现的物品是“与犯罪有关的物品”，根据当时情况，司法机关根据查获的物品，能够将行为人与具体的案件事实建立起直接、明确、紧密的联系，[①] 如发现了毒品、枪支，就会与毒品犯罪、枪支犯罪产生直接的联系。但“物品”不能泛化，更不能是根据事后查证确认与犯罪有关而倒推认为是“与犯罪有关的物品”，如行为人携带正常数量的现金，因形迹可疑被盘问时，供述了贩卖毒品的事实，这种情况下，不能倒推认为是发现了“与犯罪有关的物品”而否定行为人自动投案，因为盘问时，很难将现金与毒品犯罪关联起来，如果其不供述，是无法获知其贩卖毒品事实的。二是被发现的“物品”需是与行为人交代的罪行密切相关，而非泛指一切犯罪。比如，因形迹可疑被盘问时，发现行为人携带有枪支，随后其供述了枪支类犯罪，如买卖、运输枪支，盗窃、抢夺枪支，或者非法持有枪支等犯罪，这种情况下因为发现了犯罪的客观性证据，具有重大犯罪嫌疑，不能认定为自动投案，但如果该“物品”与行为人所供述的罪行不相关，则另当别论。如公安人员发现了枪支，但盘问行为人时，其供述了诈骗犯罪事实，或者同时供述了枪支犯罪与诈骗犯罪，因为发现的物品与所交代诈骗罪行并无密切联系，如果其不交代，司法机关并不能掌握，所以对诈骗犯罪应认定为自动投案。至于所发现的“物品”是否与所交代的罪行有关，应本着从严把握原则，以鼓励犯罪分子主动投案。三是发现的场所应具有随身性和第一场所性，如在行为人的身上、背包，驾乘的车辆内。如某运输毒品案中，行为人路遇盘查时将毒品埋在路边，民警盘问时，其交代了毒品所在地，并带民警起获毒品。虽因形迹可疑被盘问，且查获毒品，但如果行为人不供述，民警很难发现毒品，所以，应属于“形迹可疑型”自动投案。但如果行为人将毒品放在提包内，民警根据工作规律肯定会

---

① 朱玉光：《自首、立功、坦白认定指南》，法律出版社2016年版，第38页。

搜查行为人随身的提包从而发现毒品，即使其不供述也会通过搜查发现，就不能成立自动投案。

四、如实供述要件的具体解构

自动投案是一般自首的前提条件，而如实供述自己的罪行则是核心要件。[①] 如实供述要件的认定问题，主要在内容要件、时间要件和“如实”的标准。

（一）如实供述的内容应包括构成要件事实和重大量刑事实

《解释》规定，只要如实交代自己的主要犯罪事实即可。对何为“主要犯罪事实”，《解释》只规定犯罪嫌疑人实施同种数罪时如实供述的认定，对实施一罪名的犯罪及异种数罪并没有规定，导致实践中认识不一。有意见认为，如实供述“自己的罪行”，侧重于客观犯罪事实。单纯隐瞒年龄、与犯罪无关的职业或者住址、前科的，以及隐瞒故意内容的，不影响自首的成立。[②] 有意见认为，交代主要犯罪事实，但对影响量刑的情节有所隐瞒的，仍成立自首。[③] 有意见认为，所谓“主要犯罪事实”，是指对犯罪嫌疑人行为的性质认定具有决定意义的事实、情节（即定罪事实）以及对犯罪嫌疑人的量刑有重大影响的事实、情节（即重大量刑事实）；所谓“重大量刑事实”则是指对犯罪嫌疑人应适用的法定刑档次是否升格的情节，以及在总体危害程度上比其他部分事实、情节更大的事实、情节。[④]

① 高铭暄、马克昌主编：《刑法学》，北京大学出版社、高等教育出版社2000年版，第284页。

② 张明楷：《刑法学》（第四版），法律出版社2011年版，第519页。

③ 张明楷、黎宏、周光权：《刑法新问题探究 》，清华大学出版社2003年版，第119页。

④ 周加海：《自首制度研究》，中国人民公安大学出版社2004年版，第93页。

笔者认为，第一，“主要犯罪事实”应包括定罪事实和重大量刑事实。理论上对包含定罪事实基本没有异议，但有意见认为不包括量刑事实或重大量刑事实是不合适的。如行为人盗窃 15 万元，依法应判处 3 年以上 10 年以下有期徒刑，但其投案后仅供述盗窃 5 万元，虽然对其盗窃罪行为性质的认定没有影响，但却严重影响量刑，对此如果认定为如实供述难免不符合常情常理。再如，对加重的构成要件事实，如对入户抢劫的“入户”情节，持枪抢劫的“持枪”情节等不供述，虽然不影响抢劫罪的基本犯的认定，但影响加重犯的认定，某种程度上也可以说是对定罪事实未如实供述。而且，参照《意见》对同种数罪认定如实供述的原则，如果已交代事实的危害程度轻于未交代的事实的危害程度，不能认定为如实供述。因此，司法实践中要注意，如果犯罪嫌疑人仅供述部分犯罪行为，就需衡量已供述部分与未供述部分，何者对行为性质认定有决定意义，何者危害程度更大，或者未供述部分是否影响法定刑升格。如果已供述部分决定行为性质认定，或者比未供述部分危害程度更大，或者未供述部分不影响法定刑升格，可认定为如实供述主要犯罪事实。如某故意伤害案中，行为人持刀伤害他人，致一人重伤、一人轻伤。行为人自动投案后供述只扎伤了重伤之人，否认扎伤轻伤之人，且供称只扎了重伤之人一刀，但鉴定意见显示重伤之人的头部有两处刀伤。行为人已供述事实的危害程度重于未供述事实的危害程度，且未供述事实不影响行为性质的认定，可认为属于如实供述主要犯罪事实。

第二，行为人如实供述构成要件事实，包括客观构成要件事实，如主体、行为、结果、行为对象等，以及主观构成要件事实，如故意、过失、目的等，认定时要坚持主客观相统一的原则。行为人对主观方面不供述，如赃物犯罪中，供述自己不明知是违法犯罪所得的，实际上是对犯罪主观方面不供述，属于对定罪事实没有供述，不应认定为如实供述主要犯罪事实。行为人虽然认罪，但因醉酒等原因不能供述出犯罪事实的，也不能认定为如实供述。

同时，要区分行为人对行为性质的辩解与对事实辩解的区别。根据《批复》规定，被告人对行为性质的辩解不影响自首的成立。第一，如实供述要求犯罪嫌疑人、被告人要如实供述构成要件事实，构成要件事实都属如实供述范畴。如果行为人将故意辩解为过失，属于未如实供述，而非对行为性质的辩解。第二，行为人对行为性质的辩解属于主观认识问题，是对自己行为的性质进行辩解，认为自己的行为不构成指控的犯罪或者构成其他犯罪，是发表对法律适用方面的辩解意见，而不是对犯罪事实的辩解。[①] 如某故意伤害案中，行为人供称是被害人先动手打自己，自己才砍的被害人。被害人称自己并没有打行为人，其他证据证实被害人并未打行为人。因此，行为人系对事实的辩解，而非对行为性质的辩解，不应认定为如实供述。

（二）如实供述原则上需投案即供，最迟需在司法机关掌握其主要犯罪事实前供述

犯罪嫌疑人自动投案后如实供述自己的罪行是有时间要求的，并非任何时间段供述均可以构成如实供述。《解释》规定，如实供述自己的罪行，是指犯罪嫌疑人自动投案后，如实交代自己的主要犯罪事实。《意见》规定，犯罪嫌疑人自动投案时虽然没有交代自己的主要犯罪事实，但在司法机关掌握其主要犯罪事实之前主动交代的，应认定为如实供述自己的罪行。也就是说，犯罪嫌疑人自动投案当时即如实供述主要犯罪事实，通常是在投案后第一次接受讯问时即如实供述，才能

---

① 陈攀：《对行为人主观心态与行为性质的辩解及自首的认定》，载《法律适用》2014 年第 4 期。

认定为自首，[①] 即“投案即供”，这表明犯罪嫌疑人主动、自愿、彻底将自己的罪行交付国家追诉。有的犯罪嫌疑人自动投案后出于侥幸、害怕等没有即时如实供述，那么，需要在司法机关掌握其主要犯罪事实前主动交代，才能认定成立如实供述，如果在司法机关掌握之后才交代的，就不能认定成立如实供述。

而“司法机关掌握”的标准是什么，司法解释并未明确。笔者认为，可以从以下几方面把握：一是结合“主要犯罪事实”理解，看司法机关是否已掌握定罪事实和重大量刑事实。二是结合准自首的规定。[②] 准自首也规定了“司法机关尚未掌握”的问题。本着体系化理解，只要司法机关对于犯罪的主要事实尚未掌握，就属于“还未掌握”。[③] 三是结合证据理解。行为人没有投案即供，后期供述时，司法机关掌握的证据能否证实行为人的定罪事实和重大量刑事实？如果能证实，就表明已掌握，如果不能证实，就表明没有掌握。或者说，如果司法机关掌握的直接证据或者间接证据形成证据链，能证实行为人实施了犯罪行为，就可认为司法机关已掌握主要犯罪事实；反之，则属于未掌握主要犯罪事实。如某寻衅滋事案中，行为人甲、乙持工具殴打被害人左臂、背部。被害人报警后，甲、乙当日被民警带至派出所。甲供述了上述事实，乙第一次否认参与殴打，后供认。乙第一次被讯问时未交代犯罪事实，在被害人证明乙用铁棍打其左臂、后腰后，

---

① 张军、黄尔梅：《最高人民法院自首、立功司法解释案例指导与理解适用》，法律出版社2012年版，第86页。

② 准自首指我国刑法第67条第2款规定的，被采取强制措施的犯罪嫌疑人、被告人和正在服刑的罪犯，如实供述司法机关还未掌握的本人其他罪行的，以自首论。

③ 张明楷、黎宏、周光权：《刑法新问题探究》，清华大学出版社2003年版，第127—128页。

乙随后被讯问时供述了所犯罪行，但被害人陈述作为直接证据，已证实乙的行为，乙不再属于司法机关掌握其主要犯罪事实前主动交代。

（三）供述是否“如实”可以司法机关认定的事实为衡量标准，且具有诉讼阶段性特征

犯罪嫌疑人供述“如实”的标准，多数意见认为，如实供述要求投案人对自己犯罪事实的供述要与客观存在的犯罪事实基本上一致，但不需要与所有的犯罪细节完全吻合。[①] 但司法活动中，司法机关认定的事实不可能与客观事实相一致，只能是尽可能接近。因此，不可能将客观事实作为衡量犯罪嫌疑人、被告人是否如实供述的标准。只要犯罪嫌疑人、被告人的供述与法律确认的事实基本一致，就可以认定为如实供述。[②] 有观点进一步提出，认定供述是否“如实”，只能以人民法院经审理查明的事实为依据。[③]

笔者认为，以司法机关认定的事实作为衡量供述是否“如实”的标准是适宜的，但并非仅能依据法院认定的事实。时间不可逆，司法机关只能依据证据对案件的事实作出认定，虽然可以将客观真实作为司法追求的目标，但客观真实与法律真实还是存在一定差距。所以，将客观真实作为衡量供述“如实”的标准就如同客观真实一样，导致实质上缺少标准。所以，以法律真实作为标准是可行的。但同时，一般自首随着诉讼进程具有一定的阶段性，侦查机关、检察机关都可以提出自首认定的意见，虽然最终由法院认定和量刑。比如，犯罪嫌疑

① 赵秉志：《刑罚总论问题探索》，法律出版社2002年版，第420页；陈兴良：《本体刑法学》，商务印书馆2001年版，第794页。

② 高铎志：《自首与立功制度及其司法适用》，中国人民公安大学出版社2012年版，第60页。

③ 张军、黄尔梅：《最高人民法院自首、立功司法解释案例指导与理解适用》，法律出版社2012年版，第119页。

人自动投案，侦查阶段、审查起诉阶段均如实供述，侦查机关移送审查起诉、检察机关提起公诉时都可以提出构成一般自首的认定意见，或者侦查阶段后期、审查起诉阶段翻供的，侦查机关、检察机关也可以提出不构成一般自首的认定意见。法院则可以根据审理阶段的情况，作出认定自首成立与否的决定。如果翻供，不认定为自首，如果一审宣判前又如实供述，则可以认定为自首。就如《解释》规定的，犯罪嫌疑人自动投案并如实供述自己的罪行后又翻供的，不能认定为自首；但在一审判决前又能如实供述的，应当认定为自首。这一规定实际上就表明了“如实”认定的阶段性特征。因此，各个诉讼阶段都可以根据自身认定的事实作为衡量“如实”的标准，由此提出是否构成自首的意见，而并非仅指以法院认定事实为标准。检、法机关分别根据自身认定的事实，作出是否如实供述的认定，就呈现了自首认定的阶段性特征。

五、结语

自首制度，作为一项重要的刑罚制度，长期以来，在理论上和实践中都备受关注。自首的本质和价值的厘清是自首制度的理论基点和逻辑起点。自首的本质是犯罪分子犯罪以后自愿将自己的罪行交付国家追诉，自首的价值在于功利，即出于节约司法资源，提高司法效率。虽然自首制度以功利为目标，作为刑罚制度，又决定了功利追求必须以公正为底线，不能过度损害法的公正性。

成立一般自首，必须符合自动投案和如实供述的要求。自动投案包含了主、客观两方面内容：主观上，投案必须出于本人意愿；客观上，包括投案时间、行为以及对象。投案意愿，是指犯罪分子将自身及所犯之罪行在无外力强制的情况下完全置于有关机关或个人控制之下。投案意愿包含三个层面含义：投案意愿是行为人自主意志选择的结果，亦即投案是行为人自主选择的，而非被强迫的；自愿将自己的人身置于有关机关或个人控制之下，亦即将自己的人身投于有关机关或个人，自愿接受其控制；自愿将自己的罪行交予有关机关或个人处理。投案行为情形多样。实践中，尤其是对“形迹可疑型”自动投案中例外情形的要注意理解把握。

成立如实供述，必须符合时间要件和内容要件。在司法机关已经掌握犯罪嫌疑人主要犯罪事实的时候，犯罪嫌疑人需要在主动投案后即主动供述犯罪事实。如果司法机关尚未掌握犯罪嫌疑人的主要犯罪事实，那么犯罪嫌疑人需要在主要犯罪事实被司法机关掌握之前，主动对所犯罪行作如实供述。而“司法机关掌握”的标准，可以考虑参照拘留、逮捕的标准，即有证据证实犯罪嫌疑人是谁，有证据证实犯罪嫌疑人实施了具体危害行为。“主要犯罪事实”包括定罪事实、重大量刑事实。重大量刑事实是指可以导致量刑升档的事实。供述是否“如实”，应以犯罪嫌疑人、被告人的供述是否与司法机关根据案件证据认定的事实是否一致作为衡量标准，但“如实”的认定具有阶段性特征，并非仅以审判环节认定的事实作为衡量标准。

应当说，自首制度作为一项刑罚制度并不新颖，在实践中也不鲜见，但问题却是常说常新。我们常常陷入“能不能认定自首情节”“能不能从轻、减轻处罚”的泥淖，甚至为此争论不休、大费周章。尤其是，一些社会广泛关注的案件对自首问题出现了较大争议，暴露出对自首的基本理论和成立要件存在迷茫与困惑，有必要进一步研究和厘清，这也正是本文研究的实践动因和理论动因。

财务造假犯罪及其关联犯罪的若干问题研究

罗　曦*

上市公司高质量发展是资本市场健康稳定发展的基石，近年来，我国对财务造假违法犯罪持续加大惩处力度。2021 年 3 月 1 日，《刑法修正案（十一）》施行，对欺诈发行证券罪，违规披露、不披露重要信息罪，提供虚假证明文件罪，出具证明文件重大失实罪等财务造假及关联犯罪进行修改。2024 年 6 月，国务院办公厅转发中国证监会等六部门《关于进一步做好资本市场财务造假综合惩防工作的意见》（国办发〔2024〕34 号）的通知，要求“必须坚持综合施策，强化标本兼治，持续保持高压态势，切实增强工作合力”。2024 年 8 月，最高人民检察院经济犯罪检察厅发布《关于办理财务造假犯罪案件有关问题的解答》，就财务造假犯罪相关法律适用问题提出明确意见。法律修改和规范性文件出台均旨在进一步加强对财务造假犯罪的惩治，以激活罪名、提高法定刑、明确司法实践难点为重点，依法从严全链条打击财务造假犯罪。

财务造假犯罪并非刑法规定的罪名，而是对资本市场以上市公司虚假信息披露为最终表现的一系列犯罪的统称。主要包括三类犯罪：一是欺诈发行证券罪，违规披露、不披露重要信息罪。这两个罪名是财务造假犯罪的主罪，按照刑法规定，这两个罪名规制的是证券发行

---

* 罗曦，最高人民检察院驻中国证监会检察室副主任、二级高级检察官。

阶段和上市后虚假信息披露的行为，而非直接的伪造财务账册和数据的行为。由于虚假披露的基础是先财务造假，后违规披露虚假的财务信息，统称为财务造假犯罪。资本市场的本质是依据市场主体披露的信息进行资源配置，因此信息披露的真实完整准确是资本市场的基石。伪造发行人和上市公司业绩，使投资人作出错误预判，买入或者卖出证券的行为，无疑是严重的欺诈行为，侵害投资者知情权、财产权，扰乱资本市场正常发行、交易秩序，而且由于证券发行交易的公开性，受损投资者往往人数众多，还可能引发金融风险。二是背信损害上市公司利益罪。根据监管部门公开通报的情况，长期以来，上市公司大股东、实际控制人、高管等通过资金占用、违规担保等方式侵害上市公司利益的行为屡禁不绝，监管部门开展过多轮清理整顿，其中部分行为涉嫌犯罪。由于上市公司监管和公开披露要求，对于上述违法违规行为，上市公司往往在定期报告、临时报告中隐瞒相关事项、篡改相关财务数据，以期“瞒天过海”。因此，背信损害上市公司利益罪与财务造假犯罪是具有高度关联的犯罪，行为人既通过侵害行为损害上市公司利益、损害中小股东利益，又通过掩饰、隐瞒行为向市场虚假披露，影响其他投资者投资决策，具有双重侵害性。三是提供虚假证明文件罪、出具证明文件重大失实罪。这两类犯罪针对的是帮助发行人、上市公司出具虚假审计报告，提供虚假保荐、法律等服务的中介组织。由于资本市场信息的高度重要性，相关法律法规规定了中介组织对信息把关审核的责任和制度。资本市场普通投资者多为非专业人士，与信息披露义务人具有高度的信息不对称，如何保证信息的真实、准确、完整，中介组织起到了重要的“看门人”作用。一旦中介组织职责失守，严重不负责任甚至明知造假仍提供帮助，将严重破坏资本市场诚信基础，对财务造假行为起到推波助澜的作用。上述财务造假相关罪名的法益侵害情况反映出，“金融犯罪的危害性在金融风险传导‘乘数化’效应的影响下呈几何倍数增长，以致对金融稳定和国家安全的威胁进一步加剧”。[①]

长期以来，由于财务造假手段隐蔽、查处难度大，案件量较小，对相关罪名研究较少；与此同时，由于该类犯罪专业性强，司法实践中对刑法和最高人民检察院、公安部《关于公安机关管辖的刑事案件立案追诉标准的规定（二）》（公通字〔2022〕12号，以下简称《立案追诉标准（二）》）相关规定的适用又存在诸多争议。在近年来从严打击财务造假违法犯罪、案件量大幅上升的情况下，争议更为突出。基于这种问题意识，笔者就财务造假及关联犯罪的若干法律适用问题进行探讨。

一、欺诈发行证券罪与违规披露、不披露重要信息罪的区别与认定

欺诈发行证券罪与违规披露、不披露重要信息罪是财务造假犯罪的主罪，两罪的罪数、单罚制与双罚制、多项立案追诉标准的关系、各类财务指标及占比计算标准、升档标准、追诉时效等问题，应当根据立法原意结合行政法律法规准确把握。

（一）罪数问题

两罪的核心行为都是公司、企业先编造虚假财务数据，后公开披露。差别是披露的阶段和用途不同，在证券发行阶段披露，用以欺骗投资者认购证券的，构成欺诈发行证券罪；在公司、企业上市后披露，用以营造公司业绩假象的，构成违规披露、不披露重要信息罪。如果

① 田宏杰：《金融安全的刑事法律保护》，载《法律适用》2024年第9期。

公司、企业在两阶段编造和披露的是不同的虚假财务数据，数罪并罚应无异议；但是，对于两阶段编造和披露的是同一虚假财务数据的，罪数问题有不同意见。例如，A 公司在 2022 年年度报告中虚增利润 1.2 亿元，达到当期披露利润的 30% 以上；在 2023 年发行超短期融资券 1 亿元，发行文件中使用了 2022 年年度报告中披露的利润金额，达到当期利润总额的 30% 以上。有观点认为，A 公司年报和发行文件披露的都是相同的虚假财务信息，应当视为一个造假行为，从一重认定欺诈发行证券罪。该观点主要是基于行为说，认为符合犯罪成立要件的是行为，以行为数量作为区分一罪与数罪的标准，基于一个财务数据造假行为认定一罪。还有观点认为，A 公司年报和发行文件分别侵犯了发行、上市不同阶段管理秩序和投资者的权益，分别构成两罪，应当数罪并罚。该观点主要是基于法益说，认为犯罪的本质是侵犯法益，应当以行为侵犯的法益数量作为标准区分一罪与数罪，基于行为侵犯了两个不同的法益认定两罪。

笔者倾向于分别构成两罪，应当数罪并罚的意见，并认为，理论层面，罪数一直是刑法学研究的争点问题，行为说、法益说从行为数量和侵害后果区分罪数均有一定道理，但是，单纯的行为说如何认定行为数量本身就是一个极大的难题，关键是准确区分行为的单复数，同时把握好禁止重复评价原则。对应至本案例，究竟是一个造假行为，两个不同阶段的两个造假行为，还是基于两个造假行为的两个虚假披露行为仍可有不同区分方式；根据单纯的法益说，也有可能一个行为所侵害的法益是多重的，如果刑法规定的一个罪名恰好保护了该多重法益，认定一罪可无异议，但如果多重法益被多个罪名所涵盖，亦可能产生新的罪数问题。对应至本案例，究竟是侵害了财务管理秩序、侵害了信息披露管理秩序还是投资人利益，上述两罪能否涵盖侵害的法益亦值得讨论。笔者认为，在我国，刑法规定的犯罪构成是犯罪成立条件，在犯罪构成的基础上综合运用行为说与法益说对于准确认定罪数具有较大帮助。一个行为符合一罪犯罪构成，所侵害的法益能够被一个罪名所涵盖的，认定为单纯的一罪，本案例即属于该种情况。A公司在上市经营阶段，负有定期披露年度报告的义务，其在年报中披露虚假利润金额，违反了定期披露义务，符合违规披露、不披露重要信息罪犯罪构成，侵害了上市公司信息披露管理秩序与持有、购买该公司股票投资者的知情权和投资收益权，属于本罪保护的法益；A公司由于融资需求，另行向特定投资者发行超短期融资券，负有完整、真实、准确披露发行信息的义务，其在发行文件中披露虚假利润金额，违反了发行披露义务，符合欺诈发行证券罪，侵害了证券发行管理秩序与认购该融资券投资者的知情权和投资收益权，属于本罪保护的法益。A公司属于实施了两个违法披露行为，侵害了两个不同的法益，应当以违规披露、不披露重要信息罪和欺诈发行证券罪追究刑事责任。需要说明的是，根据刑法规定，披露虚假的财务信息是犯罪构成要件，而财务造假行为本身不是两罪的构成要件，本案仅有虚增2022年度利润一个造假行为，该行为本身不构成犯罪；有披露2022年年度报告、2023年发行文件两个不同的虚假披露行为，分别符合两罪构成要件，侵害两个不同法益，构成两罪，数罪并罚。

（二）单位犯罪问题

两罪都是单位犯罪，但是刑法规定追究刑事责任的主体不同。根据刑法第160条规定，欺诈发行证券罪对单位处罚金，对直接负责的主管人员和其他直接责任人员处有期徒刑或者拘役，并处或者单处罚金，即较为普遍的单位犯罪双罚制。根据刑法第161条规定，违规披露、不披露重要信息罪不处罚依法负有信息披露义务的公司、企业，仅对直接负责的主管人员和其他直接责任人员处有期徒刑或者拘役，并处或者单处罚金，即特殊的单位犯罪单罚制。

对违规披露、不披露重要信息罪设立单罚制，立法原意还是基于最大限度维护中小投资者利益。司法机关认为，由于上市公司等负有信息披露义务的公司、企业所涉利益群体多元，为避免中小股东利益遭受双重损害，刑法规定对依法负有信息披露义务的公司、企业，只追究其直接负责的主管人员和其他直接责任人员的刑事责任，不追究单位的刑事责任。[①] 当然，也有观点认为，单位犯罪单罚制来源于大陆法系国家代罚制，由于大陆法系国家往往不愿意在刑法中正面承认单位犯罪，而单位犯罪的现象客观上又客观存在，作为权宜之计，只好处罚单位内部成员。而在我国刑法既全面承认单位犯罪，又对少数罪名设立单罚制则没有必要。回到本罪，公司股东在享受公司经营行为为自己带来利益的同时，也应当为公司的管理行为承担风险，包括由于公司管理层因违法犯罪而遭受的经济损失。[②]

笔者赞成第一种意见。在我国刑法中对少数罪名设立单位犯罪单罚制具有刑罚理论基础，在市场经济高度活跃的当今社会，公司、企业等法人在民法上具有独立人格与独立财产，以法人名义独立行使权利、承担义务，则相应在刑法上亦可以认定其独立人格，对于其以法人名义实施的刑法上规定为犯罪的行为，可以认定为单位犯罪。我国刑法对单位犯罪的设定，源自 1997 年刑法第 30 条、第 31 条，采取总则统摄与分则明示相结合、双罚制与单罚制互相补充的方式，“完成

① 《关于印发依法从严打击证券犯罪典型案例的通知》，载最高人民检察院官网，https://www.spp.gov.cn/xwfbh/wsfbh/202209/t20220909_576995.shtml，2024 年 9 月 10 日访问。

② 杨国章：《关于我国刑法中“单罚制单位犯罪”的疑问与立法建议》，载《法律适用》2011 年第 4 期。

了从个人一元主体到个人与法人二元主体的刑法嬗变”[①]。对于大部分“以单位名义、为单位利益”的单位犯罪，实施单位与责任人员双罚制；对于少数以单位名义实施，体现单位意志，但是利益不归属于单位的犯罪，如仍由单位承担刑罚，不符合罪责刑相一致原则，如仅认定个人犯罪，亦不能完整体现单位在其中所起的作用，并对单位起到震慑作用，因此采用认定单位犯罪并对责任人员实施单罚的立法方式是实事求是且合理的。回到本罪，违规披露行为是以上市公司等信息披露义务人名义实施的，程序上亦经过董事会审议、主要负责人签批等流程，能够代表单位意志，但是其后果是扭曲股市对该公司的正确估值，造成股价虚高、虚低，获利的往往是部分大股东、实控人和高管，一旦刺破“虚假面纱”，公司股价急转直跌，甚至退市，对上市公司本身及其他股东均造成重大损害。因此，认定单位犯罪，对上市公司进行震慑，又不在财产上处以实质性刑罚，对相关责任人员全面追究刑事责任是符合罪责刑相一致原则、较为稳妥的立法方式。

另外，需要特别注意两个问题：一是为加大对控股股东、实际控制人等“关键少数”的惩治力度，《刑法修正案（十一）》增加规定，依法负有信息披露义务的公司、企业的控股股东、实际控制人是单位的，既追究该单位的刑事责任，也追究该单位直接负责的主管人员和其他直接责任人员的刑事责任。二是证券法和刑法的衔接问题。根据证券法第 197 条规定，违反信息披露义务的公司、企业，控股股东、实际控制人和相关责任人员应当承担警告、单处或者并处罚款的法律责任。因此司法实践中，常出现证券监督管理机构将上市公司作为违规披露犯罪线索涉案主体移送的情形。司法机关应把握两法衔接的差

① 陈兴良：《规范刑法学》（第四版），中国人民大学出版社 2017 年版，第 257 页。

别，在查清全案的基础上，对上市公司等负有信息披露义务的公司、企业可作行政处罚，但是不追究刑事责任；对上市公司等的直接负责的主管人员和其他直接责任人员，控股股东、实际控制人及其直接负责的主管人员和其他直接责任人员既可作行政处罚，也应当追究刑事责任。人民法院判处罚金时，行政机关已经给予当事人罚款的，应当折抵相应罚金；行政机关尚未给予当事人罚款的，不再给予罚款。[①]

（三）多项立案追诉标准的关系问题

《立案追诉标准（二）》对欺诈发行证券罪和违规披露、不披露重要信息罪分别规定了十项标准，包括非法募集资金数额，直接经济损失，虚增或者虚减资产、营业收入、利润、重大事项占比，伪造公文，行贿，资金用于违法犯罪活动，骗取上市交易，致使被终止上市交易，将亏损盈利反向披露，多次虚假披露等。其中，两罪的多项立案追诉标准是一致的，主要包括直接经济损失，虚增或者虚减资产、营业收入、利润、重大事项占比等。

由于标准较多，内容和方向不一致，多项标准的查证有一定的难度，实践中有观点认为，只要查明符合一项立案追诉标准，公安机关就可以移送起诉，检察机关、法院就可以起诉、审判。笔者认为，案件事实清楚，证据确实、充分是刑事诉讼的法定证明标准，财务造假犯罪由于财务指标互相关联，犯罪行为往往同时符合几种追诉标准，对此从法律和财务造假犯罪规律上讲，应当依法全部查明，以便全面评价犯罪情节和危害后果。例如，B公司在2022年年度报告中分别虚增利润12亿余元，达到到期披露的利润总额的33%；2022年6月至2023年5月未按照规定披露担保、关联交易180亿余元，达到2022

① 参见行政处罚法第35条第2款。

年年度报告披露净资产的500%。如果仅查明虚增营业收入的犯罪事实，与30%的立案追诉标准接近，对该公司相关责任人员应处5年以下有期徒刑或者拘役；但是，进一步查明重大事项违规披露的犯罪事实，超过50%的立案追诉标准的10倍，按照司法实践把握规律，应当认定情节特别严重，处5年以上10年以下有期徒刑。因此，查明财务造假犯罪全部事实，针对立案追诉标准逐一认定犯罪情节，具有不可替代性。

关于立案追诉标准的适用，实践中还有观点认为，虽然《立案追诉标准（二）》并列规定了多项标准，但是由于两罪重在规制对虚假财务信息的违法披露行为，因此“直接经济损失，虚增或者虚减资产、营业收入、利润、重大事项占比”等五项财务指标是核心标准，应当优先且必须适用，其他标准只有在五项财务指标符合其一的情况下，才能适用。笔者认为，从表述方式看，立案追诉标准规定的多项标准是并列表述、并列适用的关系，在适用上有准确选择的要求，但没有优先、劣后之分，达到其中一项标准的就应予立案追诉。[①] 从立法原意看，两罪规制的不仅仅是前端的直接财务造假行为，还规制发行、披露环节的各类欺诈行为。因此，除财务指标标准外，欺诈发行证券罪的立案追诉标准还包括非法募集金额、募集资金用于违法犯罪活动，为欺诈发行证券向有关单位或个人行贿、伪造变造公文等，针对的是发行环节的其他欺诈行为和严重后果；违规披露、不披露重要信息罪的立案追诉标准还包括骗取上市交易、致使被终止上市交易、将亏损盈利反向披露、多次虚假披露等，针对的是其他违规披露行为和严重

① 最高人民检察院经济犯罪检察厅《关于办理财务造假犯罪案件有关问题的解答》，载最高人民检察院官网，https://www.spp.gov.cn/xwfbh/wsfbt/202408/t20240816_663301.shtml#2，2024年9月15日访问。

后果。《立案追诉标准（二）》列举的其他欺诈行为与财务数据造假属于本罪规制的不同欺诈手段，应当并列适用；将危害后果作为情节严重的情形之一也是司法解释和司法解释性质文件常用的规定方式，应当并列适用。

（四）财务指标占比计算标准问题

《立案追诉标准（二）》对两罪都规定了虚增或者虚减资产、营业收入、利润达到当期或者当期披露的资产、营业收入、利润30%以上，未按照规定披露重大事项达到最近一期披露的净资产50%以上的标准。但在实践中，存在不同计算方法，影响了入罪标准的统一性。笔者认为，对于财务指标占比的认定，不是简单的计算问题，解决争议的依据是法律法规的规定。两罪规制的是在发行和上市经营阶段虚假披露财务信息的行为，因此对财务指标的占比计算方法要以证券法、行政监管规定及证券交易所股票上市规则对公司在不同阶段的披露义务要求为准。以下分别说明：

一是虚增或者虚减资产、营业收入、利润的占比计算。第一，欺诈发行证券罪的占比计算。由于发行股票、债券对企业财务指标有多项不同要求，可以分为对最近几年每年财务指标的要求、对最近几年平均财务指标的要求和对最近一期财务指标的要求，发行文件对相应的财务指标均应作全面披露，立案追诉标准的计算应根据披露要求分别选取分子、分母数据。例如，证券法第12条规定，公司首次公开发行新股，应当符合具有持续经营能力、最近三年财务会计报告被出具无保留意见审计报告等要求；《上海证券交易所股票上市规则》第3.1.2条要求，“境内发行人申请在本所上市，市值及财务指标应当至少符合下列标准中的一项：（一）最近3年净利润均为正，且最近3年净利润累计不低于2亿元，最近一年净利润不低于1亿元，最近3年经营活动产生的现金流量净额累计不低于2亿元或营业收入累计不低于15亿元；（二）预计市值不低于50亿元，且最近一年净利润为正，最近一年营业收入不低于6亿元，最近3年经营活动产生的现金流量净额累计不低于2.5亿元；……”2023年8月，C公司为达到在上海证券交易所发行股票并上市的目标，在发行文件中对不符合上市要求的净利润、营业收入进行虚增，虚增2022年净利润8000万元，虚增2020年至2022年净利润2.6亿元；虚增2022年营业收入4亿元；发行文件还披露2022年利润总额为1.8亿元，2020年至2022年利润总额为8亿元，2022年营业收入为10亿元。分别应当计算：（1）虚增2022年净利润8000万元/2022年利润总额1.8亿元=44.4%；（2）虚增2020年至2022年净利润2.6亿元/2020年至2022年利润总额8亿元=32.5%；（3）虚增2022年营业收入4亿元/2022年营业收入10亿元=40%；三项指标均符合立案追诉标准。可见，分子、分母的选取可能是一年的，可能是几年的总和，也可能是几年的平均数，以发行披露义务为准。

第二，违规披露、不披露重要信息罪的占比计算方法与欺诈发行证券罪相同，需要注意的是，该罪“当期披露”指的是当期披露的年度报告、半年度报告等定期披露文件。

二是重大事项占比计算。两罪立案追诉标准均规定“未按照规定披露的重大诉讼、仲裁、担保、关联交易或者其他重大事项所涉及的数额或者连续十二个月的累计数额达到最近一期披露的净资产百分之五十以上”，对于该占比计算有两点需要注意。

第一，对于重大事项是否合并计算，实践中有不同观点。一种观点认为，重大诉讼、仲裁、担保、关联交易等属于不同种类的重大事项，应当分别与净资产比较，单项占比达到50%以上的符合立案追诉标准。另一种观点认为，重大诉讼、仲裁、担保、关联交易等均属于重大事项，应当合并后与净资产比较，占比达到 50% 以上的符合立案追诉标准。笔者同意第二种观点。根据证券法第 80 条规定，之所以要对重大事件及时披露，是由于该事件可能对上市公司股票交易价格产生较大影响，包括重大诉讼、仲裁、担保、关联交易等。可见，未按照规定披露各类重大事项均侵害了投资者及时获取可能对股票价格产生较大影响的信息的知情权，导致投资者不能根据信息及时作出交易决策。因此，无论未按照规定披露的是哪一类重大事项，其违反的信息披露义务相同，侵害的投资者权益相同，合并计算能够准确认定该类行为的情节严重程度。

第二，对于违规披露、不披露重要信息罪，重大事项占比应当作两次计算。实践中，对于上市公司重大事项的违规披露，有观点认为，仅应就重大事项发生当时未及时披露追究刑事责任，对于在年度报告中未披露的，不应再次追究刑事责任。笔者认为，根据证券法第 79 条、第 80 条、第 81 条的规定，依法负有信息披露义务的公司、企业对重大诉讼、仲裁、担保、关联交易等重大事项，负有临时报告、定期报告双重信息披露义务。上市公司对重大事项在临时报告、定期报告中均未披露的，分别违反了不同的信息披露义务，对不同时期的股票交易价格均产生影响，属于两次不同的违规披露行为。因此，对于临时披露重大事项违规比例、定期披露重大事项违规比例应当分别计算，其中一个比例达到该项标准的就应当立案追诉。对于违反临时披露义务的，违规比例计算方法为：分子采用“先并后合”的方法，先将未按规定披露的重大诉讼、担保、仲裁、关联交易以及其他重大事项所涉及的数额合并计算，后将任意连续 12 个月未按照规定披露的重大事项所涉及的数额累计计算，可跨不同会计年度；分母采用连续 12 个月最后一笔未按照规定披露重大事项往前最近一期年度报告披露的净资产。对于违反定期披露义务的，违规比例计算方法为：分子采用当期披露文件未按规定披露的诉讼、仲裁、担保、关联交易等重大事项所涉及的合并数额；分母采用当期披露文件披露的净资产。[①]例如，D公司2021年6月、8月、12月分别未对7亿元、20亿元、3000万元对外担保及时披露，2022年1月、2022年3月、2022年5月分别未对8亿元、8000万元、2.3亿元关联交易及时披露，2021年相关信息均未在2021年年度报告披露。2021年年度报告披露净资产为55亿元。D公司违反重大事项临时披露义务占比为：（7亿元+20亿元+3000万元+8亿元+8000万元+2.3亿元）/55亿元=69.8%；违反重大事项定期披露义务占比为：（7亿元+20亿元+3000万元）/55亿元=49.6%。D公司违反重大事项临时披露义务占比超过50%，应当追究刑事责任。

（五）升档标准问题

《刑法修正案（十一）》对两罪增设了第二档法定刑，以加强对财务造假犯罪从严惩处的力度。但是，由于目前没有出台关于两罪的司法解释，对于"情节特别严重"的升档标准没有明确规定，司法实践中如何适用争议较多，也一定程度上存在不敢适用的问题。笔者认为，刑法规定了两档法定刑，就应当按照法律规定依法适用，不宜因没有司法解释而虚置第二档法定刑。"刑法分则483个罪名，一半以上缺乏司法解释、规范性文件对定罪量刑标准的明确规定，依法裁量自是必不可少。"[②]对于如何适用，可以根据立案追诉标准规定的定罪量刑情

① 最高人民检察院经济犯罪检察厅《关于办理财务造假犯罪案件有关问题的解答》，载最高人民检察院官网，https://www.spp.gov.cn/xwfbh/wsfbt/202408/t20240816_663301.shtml#2，2024年9月15日访问。

② 喻海松：《刑事司法解释的实践逻辑》，载《法律适用》2024年第6期。

节分情形把握。对于《立案追诉标准（二）》规定的欺诈发行证券罪“非法募集资金金额在一千万元以上的”“造成投资者直接经济损失数额累计在一百万元以上的”，违规披露、不披露重要信息罪“造成股东、债权人或者其他人直接经济损失数额累计在一百万元以上的”等三项数额标准，可按司法实践通行的5倍关系把握刑罚升档标准。对于《立案追诉标准（二）》规定的两罪虚增或者虚减资产、营业收入、利润达到当期或者当期披露的资产总额30%以上，未按照规定披露重大事项达到最近一期披露的净资产50%以上等四项比例标准，原则上可按照5倍比例把握升档标准。但是需要进一步讨论的是，虽然5倍比例造假，确实体现出了造假的情节严重程度，但是与数额标准的倍比又不宜完全等同把握。对于规模越大的上市公司，其资产总额越大，完全有可能造假数额特别巨大，但是由于分母过大，倍比反而不高。例如，康某药业案，康某药业在《2016年年度报告》《2017年年度报告》和《2018年半年度报告》中，共计虚增货币资金886.81亿元，数额特别巨大，但是分别仅占当期披露资产总额的41.13%、43.57%和45.96%。[①]笔者认为，对于该类情形，可按罪责刑相适应原则并结合常情常理予以把握，对于数额特别巨大但是倍比不高的情形，确有必要的，可以依法适用第二档法定刑。

（六）追诉时效问题

追诉时效，是刑法规定的，对犯罪人进行刑事追诉的有效期限。超过追诉时效，司法机关不能行使求刑权、量刑权与行刑权，也不能适用非刑罚的法律后果，因而导致法律后果消失。该制度体现了宽严

① 《关于印发依法从严打击证券犯罪典型案例的通知》，载最高人民检察院官网，https://www.spp.gov.cn/xwfbh/wsfbh/202209/t20220909_576995.shtml，2024年9月24日访问。

相济的刑事政策，有利于司法机关集中精力追诉现行犯罪。[①]一般来说，追诉时效问题成为法律适用争议焦点的机会不多，但是关于财务造假案件追诉时效的争议，明显高于其他经济犯罪，常常出现看似“近在眼前”的行为却面临超过时效的“危机”。究其原因，与该类犯罪的行为方式密切相关，与连续犯、继续犯的认定有关。企业财务状况是一个延续状态，前期财务数据是后期财务数据的基础，一次财务造假对后期若干时间内的财务数据都有影响。因此，对于两罪的追诉时效不仅看违规披露行为当时，还要看虚假数据是否在后期披露的其他财务报告中持续使用，或者未作更正。如是，应当视为连续实施财务造假行为，或者财务造假行为仍在继续状态，根据刑法第 89 条第 1 款“追诉期限从犯罪之日起计算；犯罪行为有连续或者继续状态的，从犯罪行为终了之日起计算”的规定，追诉期限从财务造假犯罪行为连续实施终了或者继续状态结束之日起计算。

例如，E 公司在 2018 年年度报告虚增该公司固定资产 2 亿元，2019 年至 2023 年年度报告固定资产项，均在 2018 年披露的固定资产数额基础上进行调整，且除上述 2 亿元外，无虚增虚减。有观点认为，E 公司仅在 2018 年财务造假一次，由于行为时刑法规定本罪法定刑为 3 年以下有期徒刑，至 2024 年案发，已经过 5 年，依法不再追诉。笔者认为，E 公司在 2019 年至 2023 年年度报告披露的固定资产总额是基于 2018 年虚假数额的调整，调整后仍为虚假，其在该 5 年年报分别虚假披露公司固定资产数额，属于连续实施违规披露行为，该行为基于虚增公司资产的同一故意，实施了性质相同的 5 次虚假披露行为，且 5 次行为分别实施于每年年报披露事项中，具有连续性，均触犯了

---

① 张明楷：《刑法学》（第六版），法律出版社 2021 年版，第 830 页。

违规披露重要信息罪，符合连续犯的基本特征，追诉期限从2023年年度报告披露之日起算，应当依法追诉。再如，F公司在2019年1月违规不披露20亿元担保，直至2024年4月，公司重大股权转让后，新大股东发现该隐瞒事项，主动予以披露。本案中，2019年1月至2024年4月间，违规不披露的行为继续进行，重大担保被隐瞒的状态一直持续，该行为自始至终针对同一对象、侵犯同一法益，触犯了违规不披露重要信息罪，符合继续犯的基本特征，追诉期限应从2024年4月披露之日起算，应当依法追诉。需要强调的是，虽然连续犯与继续犯的追诉时效均从犯罪行为终了时起算，不作区分亦不影响时效的计算，但是，连续犯是在一段时间内连续实施多个犯罪行为，继续犯是一个犯罪行为处于持续状态，二者的情节严重程度不同，在司法实践中应根据事实证据，正确把握刑法学理论对二者进行区分，准确定罪量刑。

另外，还有一类虚假平账行为的追诉时效也值得探讨。例如，G公司为避免连续3年亏损被退市，在2018年年度报告中虚增利润1.3亿余元，为核销2018年度的虚增利润，又在2019年年度报告中虚减利润1.3亿余元。至2024年8月案发，本案是否超过追诉时效？有观点认为，2019年年度报告的虚减利润是为了恢复企业真实财务数据，不应视为财务造假行为，追诉期限应从2018年年度报告公布之日即2019年4月起算，至2024年8月案发，已经过5年，依法不再追诉。笔者认为，财务数据反映的是企业经营状况，财务数据真实不仅要求汇总数据真实，还要求反映的企业经营状况真实。G公司平账行为看似恢复了企业造假前的利润总额，但是其虚减2019年利润的行为，扭曲了该企业2019年的真实经营状况，造成反映当年经营状况的财务数据虚假，属于新的财务造假行为，追诉期限应从2019年年度报告公布之日即2020年4月起算，应当依法追诉。

二、与财务造假相关联的背信损害上市公司利益罪的争议问题

背信损害上市公司利益罪是财务造假犯罪的重要关联犯罪，上市公司董事、监事、高级管理人员、大股东、实际控制人往往通过背信行为侵占上市公司资产在前，以财务造假手段掩盖在后。近年来，随着打击财务造假违法行为力度的加大，对背信行为打击力度也同步加大，该罪名从“半沉睡”状态激活，重点惩治上市公司管理人员、控股股东、实际控制人以无偿占用或者明显不公允的关联交易等非法手段侵占上市公司资产，严重损害上市公司和公众投资者合法权益的行为。[①] 但是，在具体适用中，对于直接经济损失如何计算，兜底条款是否有适用空间，与职务侵占罪、挪用资金罪的关系等还是存在一些争议问题。以下分别说明：

（一）直接经济损失的计算

本罪构成要件“致使上市公司利益遭受重大损失”，如何认定损失存在较大分歧。一是时间节点。损失数额会因行为人的挽损行为在行政立案时、刑事立案时、提起公诉时、判决前发生变化，最终以哪个节点的损失金额作为定罪量刑的依据实践中做法不一。笔者认为，“以刑事立案日为基准”计算更具合理性。一方面，体现刑事司法刚性，且与诈骗类、渎职类等犯罪损失的计算时点保持一致性；另一方面，以保护上市公司利益为导向，鼓励行为人及时退赔退赃，对于行政执法阶段及时挽回损失的，不追究刑事责任。同时，对于刑事立案后，提起公诉前或者一审判决前，行为人挽回上市公司全部或者部分经济损失的，犯罪数额不予扣减，但量刑时可作为酌定从轻处罚情节。

---

① 姜涛：《背信损害上市公司利益罪法定刑升格标准需明确》，载《检察日报》2016 年 2 月 17 日，第 3 版。

二是损失依据。对于违规担保行为，其造成的损失按被担保人未偿付的数额、生效民事判决确定的担保责任数额、上市公司已偿付数额还是被执行的数额认定，实践中做法也不一。笔者认为，一旦被担保人无法偿付债务，提供担保的上市公司代为偿付义务已经产生。但是在实践中，可能存在担保争议，如提供担保的上市公司提出担保效力异议、偿付顺序异议、数额异议等。从刑事认定的确定性考虑，以刑事立案时上市公司实际已偿付数额加生效民事判决确定的担保责任数额为依据较为合理，既保证了损失的确定性，又避免刑事诉讼程序无确定期限地等待民事执行程序，案件长期处于不确定状态。

（二）兜底条款的适用

刑法第169条之一列举规定了无偿、以明显不公平的条件、向明显不具有清偿能力的单位或个人提供或者接收资金、商品、服务或者其他资产，为明显不具有清偿能力的单位或者个人或者无正当理由为其他单位或者个人提供担保，无正当理由放弃债权、承担债务等五种背信损害上市公司利益的情形，并规定了兜底条款。实践中，背信损害上市公司利益犯罪的手段多种多样，多采用复杂的资金流转、股权控制方式掩饰违法行为，除法条列举的行为方式外，还有伪造连环交易、开具没有真实交易的商业承兑汇票、虚假商业保理、循环资金流入流出轧差获利等新类型侵占上市公司利益的行为，对于该类行为是否适用兜底条款，实践中也有不同意见。

有观点认为，资金占用、违规担保是经济领域的大概念，不能等同于背信行为，刑法规制的背信行为，根据法条列举，集中在关联交易和担保的范畴内，兜底条款的适用也应严格控制在该范畴内，对于其他类型的行为应当慎用。笔者赞成谨慎适用兜底条款的意见，只有违法行为与法条列举的五项行为在性质、程度、后果上均相当的，才能纳入兜底条款适用范围。同时，由于监管力度的加强、查处水平的提高，上市公司董监高、大股东、实际控制人直接进行关联交易或者对外提供担保“掏空”上市公司的情形日益减少，更多的转为更为复杂的长链条、隐蔽“掏空”行为。因此，对于何为性质、程度、后果相当还需根据犯罪手段的变化保持必要的开放性，把握违背对上市公司的忠实义务、将上市公司利益向个人或其他单位输送的犯罪实质。例如，鲜某背信损害上市公司利益案，2013 年 7 月至 2015 年 2 月，鲜某违背对匹某匹公司的忠实义务，利用职务便利，采用伪造工程分包商签名、制作虚假资金支付审批表等手段，以支付工程款和往来款的名义，将并表子公司汉某公司资金累计 1.2 亿元划入其控制的多个公司和个人账户内使用，其中有 2360 万元至案发未归还。本案中，汉某公司系上市公司匹某匹公司的并表子公司，鲜某将采用伪造交易的方式，将汉某公司资金转入个人控制账户，与直接转移上市公司资金相比隐蔽性更强，由于相关财务数据计入上市公司，最终仍然致使上市公司利益遭受重大损失。①

（三）与职务侵占罪、挪用资金罪的关系

背信损害上市公司利益罪与职务侵占罪、挪用资金罪的关系长期存在分歧意见，主要有：法条竞合的观点，认为背信损害上市公司利益罪与另外两罪是特别法和普通法的关系，按照特别法优先于普通法

① 《关于印发依法从严打击证券犯罪典型案例的通知》，载最高人民检察院官网，https://www.spp.gov.cn/xwfbh/wsfbh/202209/t20220909_576995.shtml，2024 年 9 月 15 日访问。

的原则，适用背信损害上市公司利益罪。[1]想象竞合的观点认为，背信损害上市公司利益罪和另外两罪是交叉关系，同时触犯的，从一重惩处。[2]

笔者同意第二种观点。背信损害上市公司利益罪和另外两罪，从犯罪主体看，是上市公司董监高与公司、企业或者其他单位的工作人员的区别，背信损害上市公司利益罪窄于另外两罪，成立特殊主体与一般主体关系；从行为模式看，挪用、侵占是背信行为的一种类型，另外两罪范围窄于背信损害上市公司利益罪；从行为后果看，背信损害上市公司利益罪仅要求致使上市公司利益遭受重大损失，即害他性，而另外两罪都要求归个人使用或者占为己有，即利己性，范围窄于背信损害上市公司利益罪。因此，背信损害上市公司利益罪与另外两罪不成立完整的包容关系，属于交叉关系。该交叉关系落实到罪数问题上，首先，可以排除法条竞合的观点。法条竞合是指一个行为同时符合数个法条规定的犯罪构成，法条间具有包容关系，以特别法条优于普通法条为基本原则。背信损害上市公司利益罪与另外两罪不构成包容关系，排除了法条竞合，也就排除了背信损害上市公司利益罪作为特殊法条优先适用的观点。其次，背信损害上市公司利益罪和另外两罪属于交叉的想象竞合。想象竞合是指一个行为触犯了数个罪名的情况，如上所述，背信损害上市公司利益罪和另外两罪法条之间存在交

① 参见新疆维吾尔自治区某人民法院刑事判决书（2020）某 0203 刑初 98 号。虽然被告人秦某所采用的向本单位以外的由其实际控制的公司提供资金的行为在挪用资金罪和背信损害上市公司利益罪的客观方面均有规定，……两个罪名在法律适用上互相排斥，故本案属于法条竞合。两个罪名所保护的财产性法益虽具有共同性，但背信损害上市公司利益罪更限缩侧重于对上市公司利益的保护，应优先适用此罪名。

② 张明楷：《刑法学》（第六版），法律出版社 2021 年版，第 982 页。

叉关系，因此，对于上市公司董监高通过关联交易、违规担保等方式将上市公司的资金、财物挪为己用，或者占为己有的，行为人实施了一个行为，侵害的是上市公司财产利益一个法益，同时触犯了背信损害上市公司利益罪与挪用资金罪或者职务侵占罪，属于想象竞合，从一重处理。需要说明的两点是：一是对于背信损害上市公司利益罪和另外两罪法条交叉关系下的想象竞合，不能将交叉部分看作法条竞合，认定构成特殊法条规定的一罪，即背信损害上市公司利益罪。因为法条竞合只能适用一个法条，而想象竞合应分别认定构成数罪，按照其中最重的犯罪量刑，否则不能全面评价行为的不法内容。二是对于交叉外的部分，即上市公司董监高通过关联交易、违规担保等方式将公司利益向其他单位或者个人输送，没有挪为己用，或者占为己有的，不构成挪用资金罪或者职务侵占罪，依法认定背信损害上市公司利益罪。

三、财务造假中中介组织的犯罪行为认定

承担审计、法律服务、保荐等职责的中介组织在发行证券、上市公司定期披露和临时披露过程中，承担审核把关的“看门人”职责，以其专业性、公正性为发行人、上市公司信息披露的真实、准确、完整背书。投资人依据相关信息作出的投资决策，很大一部分是基于对中介组织的信任。可见，中介组织是资本市场的重要“闸口”，是以第三方力量筛选、预警的第一道防线。但是实践中，也确实存在少数中介组织人员怠于履职、失职失守甚至主动参与财务造假的行为，例如康某药业案中相关审计人员实施故意出具虚假审计报告、严重不负责任出具审计报告重大失实等犯罪行为，检察机关依法追诉。[①] 由于

① 行政处罚法第 35 条第 2 款。

案件量较少，实践中，对于涉案中介组织人员如何区分认定欺诈发行证券罪，违规披露、不披露重要信息罪共同犯罪，提供虚假证明文件罪，出具证明文件重大失实罪存在疑惑。

例如，H公司拟发行公司债券，邀请甲会计师承担审计工作。甲由于所在I会计师事务所没有证券业务资质，找到有证券业务资质的J会计师事务所乙会计师，以J会计师事务所名义承接H公司审计业务并支付挂靠费，甲带领I会计师事务所丙、丁两名会计师现场审计。审计过程中，甲发现H公司财务指标不符合发行公司债券相关规定，遂建议H公司虚增营业收入、利润等财务数据，并指导H公司财务人员伪造财务凭证、修改财务报表。丙、丁明知H公司财务造假情况，仍根据虚假财务报表完成审计底稿和审计报告初稿。甲将审计底稿和审计报告初稿送乙会计师，乙会计师未经审核，直接签字、盖章，以J会计师事务所名义出具标准无保留意见审计报告。H公司根据该虚假审计报告发行债券3亿元，到期未能偿还，造成投资者重大损失。该案中，甲直接参与了H公司基础财务资料造假，并发挥了较大作用，应当认定为欺诈发行证券罪共同犯罪；丙、丁二人明知H公司财务造假，故意提供虚假审计报告，应当认定为提供虚假证明文件罪；乙为收取挂靠费，严重不负责任，不出现场、不审核，出具的证明文件有重大失实，造成投资者重大损失，应当认定为出具证明文件重大失实罪。

上述案例比较集中地体现了中介组织人员参与、帮助造假的各类行为，结合案例，笔者认为对于涉案中介组织人员，根据其参与程度，区分直接参与造假、明知造假仍出具证明、虽不明知造假但严重不负责任三种情形，适用不同罪名。对于中介组织人员与发行人、上市公司共谋，直接参与或者指导发行人、上市公司对公司、企业财务资料进行造假，并以第三方名义出具虚假证明文件的，应当对其全程参与造假的行为认定为欺诈发行证券罪及违规披露、不披露重要信息罪的共同犯罪。对于中介组织人员没有参与发行人、上市公司财务资料造假，但是在审核过程中发现或者明知发行人、上市公司造假，仍以第三方名义出具虚假证明文件，情节严重的，应当认定为提供虚假证明文件罪。对于中介组织人员虽不明知发行人、上市公司财务造假，但是怠于履职、严重不负责任，存在违反法律法规或者执业准则，挂名、出借资质，应当执行的审查程序不执行，尽一般注意义务即应当发现的问题而没有发现等情形，导致出具的证明文件重大失实，造成严重后果的，应当认定为出具证明文件重大失实罪。

综上，财务造假犯罪涉及罪名多、法律适用争议点较多，应当基于刑法学理论、立法原意及财务专业知识准确适用。对于欺诈发行证券罪与违规披露、不披露重要信息罪，重点应当明确两罪数罪并罚的基本原则，厘清前罪单位犯罪双罚制、后罪单位犯罪单罚制的适用逻辑，根据会计准则和信息披露法律法规准确认定立案追诉标准各项财务指标计算方法。对于背信损害上市公司利益罪，与职务侵占罪、挪用资金罪构成想象竞合，应当从一重惩处，由于案件量较少，对于损失计算标准及兜底条款的适用，还应当在司法实践中继续积累经验。对于提供虚假证明文件罪、出具证明文件重大失实罪以及欺诈发行证券罪与违规披露、不披露重要信息罪的共同犯罪，应当根据中介组织人员的主观明知、客观行为，按照主客观相一致原则分别认定。

助贷中介的刑事规制

唐逸飞　唐淑琦*

在金融市场持续发展、金融产品日益丰富的背景下，助贷中介在提高金融服务效率、拓宽金融服务领域、促进民营经济发展等方面确实起到了积极作用。但随着国家宏观经济指导对信贷资金的使用规模、方向等方面的控制，在局部范围内出现了信贷资金供需不平衡的矛盾，一些不法助贷中介利用信贷资金紧张之机，为了牟取暴利，打着无抵押、无担保、低息免费、洗白征信、提升额度等旗号诱导消费者办理贷款，[①] 从中收取高额息费，滋生各类违法风险甚至构成犯罪，已成为影响金融市场健康发展、社会稳定、建设金融强国的重大挑战。

一、助贷中介的规制基础

（一）助贷中介概念

“助贷中介”这一概念，监管部门、政策法规与学术界尚未完全形成统一明确的定义，它只是来源于业内的习惯叫法，概念相对宽泛和模糊。如果从监管文件中的定义来看，近几年的主要监管文件，如《关于加强商业银行互联网贷款业务管理提升金融服务质效的通知》《商业银行互联网贷款管理暂行办法》都提到了“合作机构”的概念，

---

* 唐逸飞，上海市浦东新区人民检察院第七检察部主任；唐淑琦，上海市浦东新区人民检察院第七检察部检察官助理。

① 张年辉：《治理不法贷款中介 净化信贷生态环境》，载《中国农村金融》2023年第12期。

一般认为合作机构就是官方意义上的助贷中介。[①]《商业银行互联网贷款管理暂行办法》明确了合作机构的概念，指在互联网贷款业务中，与商业银行在营销获客、共同出资发放贷款、支付结算、风险分担、信息科技、逾期清收等方面开展合作的各类机构。此类机构往往与金融机构合作开展业务并获取收益，相当于是银行的助手或是某个业务环节的外包机构。如果从实践中的情况来看，目前所谓“助贷机构”主要是为客户提供助贷服务，从客户处以服务费、手续费等形式获取收益，与金融机构更类似于一种合作互利的关系，不受银行管理或规制，这也是目前助贷机构的主要方式。随着金融科技的发展，民间融资需求增加与金融机构和贷款用户之间的信息不对称，助贷业务根据助贷方是否出资又可以分为以下两种类型：一是纯助贷模式，助贷方主要负责向资金方推荐客户，不参与出资放款，通常靠服务费、担保费等盈利；二是联合放贷模式，助贷方与资金方联合出资，按出资比例获取收益，共担风险。此外，根据助贷中介是否承担贷款客户信用风险分为两种类型：一是信息中介，其自身没有贷款产品，但依靠专业技术比对，为客户提供贷款咨询顾问服务、定制贷款方案、降低贷款成本，收取服务费或手续费，无需承担客户信用风险；二是信用中介，为客户贷款业务承担信用风险，如果客户逾期不能还款，助贷方需要向放款金融机构先行赔付。

本文研究的“助贷中介”限于纯助贷模式下的信息中介，排除联合贷的业务模式，即助贷业务的放贷主体限于银行业金融机构或其他类金融机构，资方独立自主负责贷款的核心业务环节并承担全部出资，助贷中介为合作方，在营销获客、数据分析、技术应用、贷后管理等

---

① 参见中国互联网金融协会发布的《中国互联网助贷业务发展研究报告（2023 年）》。

方面为放贷机构提供支持。在此背景下，笔者将“助贷中介”定义为，服务于“借贷客户”与“资金方”两端，在营销获客、数据分析、技术应用、贷后管理等方面为放贷机构提供支持，为“借贷客户”提供信息媒介等各类贷款辅助服务的信息中介。

（二）助贷业务的规制现状

1. 助贷业务处于行政监管的盲区

当前我国助贷业务主要受金融行业内相关规范性文件的专门规制。2017 年互联网金融风险专项整治工作领导小组办公室、P2P 网络借贷风险专项整治工作领导小组办公室发布的《关于规范整顿“现金贷”业务的通知》明确，要加强银行业金融机构自主风控管理，其与第三方机构合作开展贷款业务的，不得将授信审查、风险控制等核心业务外包，同时要求第三方合作机构不得向借款人收取息费。2020 年原银保监会发布《商业银行互联网贷款管理暂行办法》，在第五章中对商业银行贷款合作的准入、管理等内容作出规定，明确商业银行应建立各类合作机构的全行统一的准入机制，规范标准和程序，实行名单制管理。2022 年原银保监会发布的《关于加强商业银行互联网贷款业务管理提升金融服务质效的通知》，进一步规范商业银行贷款资金管理和自主风控，强调贷款资金发放等关键环节由银行自主决策，指令由银行发起。尽管有金融行业内规范性文件规制助贷中介行为，但从上述规定的内容来看，都是从监管银行的角度来间接地监管助贷业务，对助贷机构本身由谁监管、如何监管并无规定。

2. 金融机构难以约束助贷中介，确保其合规性

因为部分金融机构自身获客能力不足，在一定程度上依赖助贷机构为其开拓客户资源，特别是一些自身缺乏客户资源的中小银行，除了会与助贷机构签订正式的合作协议外，还会默许甚至纵容客户经理

个人与其他助贷机构合作，并纵容助贷活动中的不当行为，在这样的情况下，金融机构自身就欠缺足够的动力去约束助贷机构的行为。同时，一些助贷机构并不是直接与银行建立合作关系，而是通过其他的中介机构向银行导流，或者直接与信贷业务员进行对接，也让金融机构本身就无法管控这些助贷机构。甚至有的商户与助贷机构有了合作密切的利益关系，形成了固定的黑灰产业链，这一点在汽车贷领域表现突出，有的汽车经销商完全依靠助贷机构来招揽客户，甚至出现经销商与助贷机构相互勾结骗取贷款的案件。

二、助贷中介行业刑事风险的司法之难

从司法实践上看，不法助贷中介的模式通常包括虚构交易内容、资金用途、伪造资信证明、保险赔付等欺诈行为，涉及身份包装、“AB贷”、非法垫资、隐瞒真实利率与高额收费等多种行为方式，手段多样且复杂。

（一）情形一：助贷中介参与“购车贷诈骗”

此类案件中，所谓的“购车人”无实际购车需求，由于征信记录不良等原因难以通过正当途径申请贷款又急需资金，助贷机构遂帮助这些“购车人”伪造证明文件、“包装”贷款资质，购车人向汽车销售公司申请贷款购买汽车，提车后销赃套现，贷款到期无法偿还。更有甚者，助贷机构与骗贷人勾结，寻找没有信用记录的低收入人员（业内称之为“白户”）进行包装并出面购车借贷，提车后销赃套现。

该情形呈诈骗汽车贷“一条龙”模式，助贷中介利用汽车销售门店业务员对购车人贷款资质、车辆抵押手续把关不细、审核不严等漏洞，形成了助贷中介、购车人互相勾结的犯罪模式骗取金融机构贷款。实践中此类行为认定贷款诈骗罪无争议，但在刑事规制方面依然存在

两方面的问题：一是难以进行全链条式的打击，此类行为出面的往往是“白户”，相关助贷中介及骗贷人均隐身幕后，单线联系，最先被锁定的“白户”大多也不清楚让其出面贷款的中介、骗贷人的情况，难以进行有效的指证。二是被查获的“白户”多称是被助贷中介以帮忙贷款的理由要求出面并许以报酬，后续会由实际用款人还款，助贷中介及骗贷人难以到案，“白户”从骗贷活动中获得的报酬也较低，难以推定其主观上有非法占有的目的，继而难以认定贷款诈骗罪，相关汽车贷数额也较难达到骗取贷款罪的入罪标准。

（二）情形二：助贷中介参与“AB贷”

“AB贷”案件中存在三类角色，为便于描述，将实际用款人称为A，其个人征信不良、不具备贷款资质；实际贷款人为B，其个人征信无问题；助贷中介为C。助贷中介C通过网络发布营销广告，宣传“额度高”“不看征信”“不看负债”，吸引、筛选风险系数高却急需用钱的借款人A。在A向助贷中介C申请放贷后，助贷中介C会要求A找到其他担保人B为其增信。A、B到C公司办理相关手续时，C会通过各种话术引导、利诱B申请各类消费贷后转交给A使用，并向A收取10%—20%不等的服务费、手续费。B作为A的亲人、朋友、同学等，碍于情面同意贷款或背上贷款而不自知。

此类案件存在较大的社会危害性：一是破坏了金融管理秩序，“AB贷”基本都是针对消费贷，但贷款的最终流向多为偿还个人债务、用于高风险活动，导致银行对信贷资金的流向失控，原本利用贷款刺激消费的金融调节手段失效。二是由于A无法获得贷款的原因是征信不合格，即在银行的评价体系中无法还贷的风险很高，C的转贷行为不仅让高坏账风险的A获得了贷款，还加重了A的贷款成本，与高利贷无异，长期来看会使金融机构的信贷资金处于巨大的风险中，增加了整体的金融风险。三是当A无法偿还贷款时，B要承担还款责任，增加了新的社会矛盾。但“AB贷”在刑事定性方面存在较大困难，由于单笔消费贷金额大多在30万元以下，造成银行损失金额难以达到骗取贷款罪入罪标准；现有证据难以证实B不知道自己在为A申请贷款，实际上大多数B也知道自己在为A贷款，只是碍于情面无法拒绝，难以认定诈骗罪。

（三）情形三：助贷中介掩盖真实利率

助贷中介对外谎称自己是与商业银行合作的正规中介公司，可以办理低息贷款以吸引潜在贷款客户（此类客户一般征信不佳）。在与客户签订服务合同的过程中，其利用客户不了解贷款利率计算方式的劣势，采用在合同内仅注明利息总额，不标明利率的方式，谎称是为客户从商业银行低息贷款，但实际是从小贷公司高息借款，从中收取高额的服务费。如以客户需借款100万元，总利息6万元，等额本息还款，一年还清为例，客户一般会误以为自己所借的是利率6%的贷款，但该利率只在客户在借款一年期满后一次性还款106万元时才成立，若每月等额本息方式还款，该借款的实际利率为10.85%。

实践中，对于上述行为方式属于民事欺诈还是刑事诈骗存在较大争议。第一种意见认为，此类助贷中介冒充银行工作人员，在签订、履行合同过程中，隐瞒真实利率和实际还款方式，骗取客户高额服务费，应以合同诈骗罪论处。第二种意见认为，上述行为属于民事欺诈，最高人民法院《关于适用〈中华人民共和国民法典〉总则编若干问题的解释》对民法中的欺诈行为作了以下界定：“故意告知虚假情况，或者负有告知义务的人故意隐瞒真实情况，致使当事人基于错误认识作出意思表示的，人民法院可以认定为民法典第一百四十八条、第一百四十九条规定的欺诈。”应对上述助贷中介的行为模式做整体评价，只有财产整体上发生减损时，才能认定行为人符合诈骗罪的构成要件。[①] 上述模式中贷款项目并非虚构，且按照贷款规划放款，虽然故意隐瞒了还款方式与实际利率，从而促成交易，收取了高额服务费，但本质上没有造成客户的损失，所收取的费用可评价为提供该服务的对价。

（四）情形四：助贷中介参与"房贷转经营贷"

借款人为将利息较高的房贷转为利息较低的经营贷，找到助贷中介要求操作，助贷中介会提供过桥资金先偿还借款人的房贷并收取相应的利息，再以该房屋作为抵押，以空壳公司之名向银行申请经营贷后填补之间的垫资缺口，再向借款人收取相应的服务费。过桥垫资是一种短期资金的融通方式，通常被用于银行承兑保证金垫付、银行贷款到期垫付、消费贷款以及房屋买卖贷款中的垫资等场景，垫资利息不得超过法定上限。根据2019年10月施行的《关于办理非法放贷刑事案件若干问题的意见》第1条、第2条及第5条的相关规定及《〈关于办理非法放贷刑事案件若干问题的意见〉理解与适用》的指导精神，若助贷中介的垫资行为，同时满足在2年内向不特定人出借10次以上、实际年利率达到36%以上、放贷数额超过200万元等条件，则属于非法放贷型的非法经营罪。但在实践中，利息的金额是仅认定其收取的垫资利息（往往达不到入罪标准），还是将其收取的服务费等相关费用一并认定；利息的时间是以垫资的时间来定，还是以贷款的时间来定，均有较大争议，导致刑事规制存在困难。

（五）情形五：助贷中介与金融机构工作人员相互勾结

实践中，一些原本应当履行银行贷款资质审查"看门人"角色的

---

① 陈兴良：《民事欺诈和刑事欺诈的界分》，载《法治现代化研究》2019年第5期。

金融机构工作人员，与不法助贷中介勾结，为了自身的利益对贷款人提供虚假材料明知或者放任，甚至有个别金融机构工作人员指使、授意、帮助贷款人伪造虚假材料[①]违法发放贷款，严重危害金融财产安全和金融管理秩序，此类行为可能涉及的罪名包括行受贿犯罪、违法发放贷款罪、骗取贷款罪，其中认定行受贿犯罪并无争议，但其他两项罪名实践中争议较大。有观点认为，骗取贷款罪是欺骗行为使银行或者其他金融机构产生错误认识，并将钱款出借给贷款人，如果有贷款审批权的银行工作人员明知有假甚至指导作假，此时仍将贷款人认定为骗取贷款罪，这种认定可能与骗取贷款罪会产生冲突，应认定违法发放贷款罪的共犯。也有观点认为，骗取贷款针对的对象是银行而非银行工作人员，该银行工作人员不是对贷款发放具有决定权的人，两者内外勾结实施的骗取贷款行为，可认定骗取贷款罪的共犯。还有观点认为，助贷中介虽与银行工作人员共谋，但仅实施了帮助客户伪造各种贷款申请材料后向银行申请贷款的骗取贷款行为，而非涉及贷款的审批、放款等环节的违法发放贷款行为，即使欺骗的手段中有共同的内容，但各自利益是分开的，因此各自认定对应的罪名，而非以共犯认定更为适宜。上述分歧也影响了刑事规制。

三、助贷中介行业刑事风险的治理之弊

（一）助贷中介违法犯罪呈产业性、隐蔽性

由于助贷业务行业准入门槛低，又处于监管的盲区地带，容易滋生黑灰产业。在低层次同质化竞争激烈的市场环境下，一些黑灰中介假冒银行业金融机构或其合作机构，以办理低利率、高额度的银行贷

① 逄政：《骗取贷款罪司法实务若干问题研究》，载《上海金融》2016年第12期。

款为诱饵，群发类似于银行业金融机构正常推广业务口径的短信，招揽、误导有资金需求的客户，以帮助贷款之名行诈骗之实，侵犯他人财产权益，损害金融机构的形象，扰乱市场秩序。

一些黑灰助贷机构已形成“专业化”“公司化”运作模式，内部分工明确、各司其职，对贷款流程按照贷前、贷中、贷后进行了分工，组织架构分销售人员、垫资人员、包装人员、贷款申请员、资金流转员等，在招揽客户、包装增信、申请贷款、转移资金等各个环节均有“专业人员”提供服务，形成完整产业链，增加了打击难度。如前述的“房贷转经营贷”中，招揽客户、提供垫资、注册空壳公司申请贷款、转移资金均有专人负责，产业链完整。此外，部分助贷机构利用各种手法“包装”，以前述的“AB贷”为例，金融机构往往仅对提供的证明材料进行形式审查，即使金融机构进行实质审查，在“AB贷”的情况下，银行也无法知晓客户是否因为被骗而进行贷款，上述“包装”难以被及时察觉，给金融机构的风险防控带来挑战。

一些借款人法律意识淡薄，配合助贷中介实施违法犯罪行为也增加了此类犯罪活动的隐蔽性。如前述“购车贷诈骗”中的借款人及“白户”，轻信助贷中介“不用还款”的虚假许诺，或明知法律后果仍为获取贷款资金、套现分成，配合贷款中介骗取贷款，而一旦进入刑事程序又成为“替罪羊”，客观上掩护了幕后的指使者，使其无法得到有效追责，金融机构损失无法获得有效追偿。

（二）金融机构开展信贷业务自身风控不严

部分金融机构开展信贷业务过程中，未遵循《贷款通则》等对贷款人的要求，在风控管理、贷前审核、贷后监管以及贷款追偿等多方面存有漏洞，易被犯罪分子利用，导致金融机构信贷资金风险不断攀升。如，部分银行违反规定接受无担保资质的合作机构提供担保增信服务，或者在借款人引入有担保资质的融资担保公司等提供增信服务后，违反规定放松自身风险管控，导致资金受损。又如，部分银行在贷款审批发放过程中，仅做形式审查，对贷款申请材料实质审查、穿透审查存在较大难度，客观上增加了信贷资金的风险。再如，部分银行对信贷资金的追偿力度不够，对于逾期未能偿还的小额贷款，银行大多采取的是长期挂账的方式，甚至做“坏账”处理，且出于考核压力，银行极力避免寻求法律途径进行追偿以及刑事报案，导致部分信贷资金无法得到有效追偿，甚至部分犯罪线索无法被发现。

（三）对助贷中介违法犯罪的治理效能有待提升

当前对助贷中介违法犯罪活动的发现难、发现晚的情况普遍存在，开展治理的效能较低。首先，办案机关难以主动发现此类违法犯罪线索，而被害单位有能力覆盖不良贷款，加之出现骗贷案件会导致发放贷款的主体内部责任追究，也不愿意刑事报案，导致一些违法犯罪线索被掩盖。其次，金融机构、监管部门与司法机关之间关于涉助贷业务新问题、新情况的共同研商与应对有待加强，金融监管大数据壁垒也依然存在，行政监管和刑事打击整体上仍处于各自为政的局面。最后，社会公众对金融违法犯罪的辨别意识有待提高，部分借款人法律意识淡薄，无视违法性后果，配合黑灰助贷机构实施违法犯罪行为，导致自身承担不利法律后果。

四、对司法之难的应对之策

（一）对“购车贷诈骗”的应对之策

实践中，虽然相关助贷中介、骗贷人隐身于“白户”之后，看似建立了一道阻断侦查的“防火墙”，但相关人员之间互相联络产生的聊天记录、通话记录，资金来往产生的转账记录、银行流水依然提供了可供查证的线索材料，当上下游的参与者、前后台的行为人均被查获，整个案情全面浮出水面，相关证据也易于取得，整体打击势必取得良好的成效。

依法运用“推定”解决“非法占有目的”的认定问题。针对“白户”所谓的“中介告知自己不需要承担还款责任”“别人会按时还款”的辩解，在没有直接证据证明主观故意时，可以通过“白户”自身的认识水平、收入情况，与中介等人的关系、对别人会按时还款是否具有信赖基础，结合贷款偿还的情况来推定其主观上是否具有贷款诈骗的故意，不能仅根据行为人“我认为别人会还”的辩解，就直接判断其主观上不具有非法占有的目的。

（二）对“AB贷”的应对之策

“AB贷”简单来说就是以B的信息为A贷款，因主要从借贷者身边亲人朋友下手，又称“人情世故贷”。对于助贷中介C行为的定性，根据B身份不同、知晓程度不同，存在不同认定方式。

当A、B可视为财产共同体，且B一直以为自己是担保增信人，直到银行还款才意识到自己是实际贷款人，此种情形下，助贷中介C的行为可定性为合同诈骗罪。在司法实践中，针对该种情形已有判例，C在签订、履行居间服务合同期间，通过虚构可以帮助征信较差的被害人A成功办理贷款的事实，使得被害人A自愿签订居间合同，进而接受“中介机构”提供的所谓居间服务，使得实际有亲缘关系的A、B互相借贷的情况，从中收取高额服务费，构成合同诈骗罪。[①]

当B以为自己是担保增信人或者联合贷款人，在办理贷款过程中意识到自己是实际贷款人或被明确告知是实际贷款人，B一般每月按

① 王某合同诈骗案，载法信网，https://www.faxin.cn/，2024年7月11日访问。

时还款。此种情况下，对于助贷中介C的行为可定性为高利转贷罪。

区别于传统的高利转贷罪，“AB贷”案件中的转贷方与获利方非同一主体，但这不影响高利转贷罪的成立。首先，从客观方面来看，存在转贷行为，在C的主导下，B利用虚假的贷款用途从银行申请获得贷款后，将贷款交予A使用，由A来承担还款责任，属于典型的从银行套取信贷资金后转贷给他人使用，其中C收取的高额服务费可评价为高利。其次，服务费可评价为高利，所谓的利息，是指借款人为获取货币在一定时期内的使用而支付的报酬，该报酬是一次性支付还是定期支付不影响其性质的判断，如“两高”《关于办理非法放贷刑事案件若干问题的意见》规定，非法放贷行为人以介绍费、咨询费、管理费、逾期利息、违约金等名义和以从本金中预先扣除等方式收取利息的，相关数额在计算实际年利率时均应计入。助贷中介C以服务费、手续费等名义收取的费用，都是实际用款人A为获得货币的使用权而支付的高于银行贷款利息的额外费用，符合利息的本质，可被评价“高利”，符合法律规定。最后，C应评价为高利转贷的间接正犯，B主观上并没有帮助C转贷牟利的目的，也不知道C会从中收取高额的服务费，缺乏犯罪的意思，C系利用B作为其套取银行贷款后转贷牟利的工具，但若B未归还贷款，且给“银行或者其他金融机构造成重大损失”及“给银行或者其他金融机构造成特别重大损失或者有其他特别严重情节”，助贷中介C可构成骗取贷款罪。

（三）对“隐瞒真实利率”的应对之策

“隐瞒真实利率”行为客观上存在“虚构事实、隐瞒真相”的行为，“骗取”的是高额服务费，这并无争议，但是要认定行为性质是民事欺诈还是刑事诈骗，笔者认为关键点在于，一是行为人主观上是否具有非法占有的目的，二是被害人实际上是否遭受了刑事意义上的损失，而这两个关键点在整个案件事实中的落脚点在于助贷中介所提供的中介服务的本质是什么，若中介服务本身并无价值，或对被害人来说完全是虚增的环节，则该行为属于通过虚构事实、隐瞒真相的手段，诱使被害人支付本不应付出的高额服务费，遭受了损失，可认定构成诈骗罪，反之则难以认定。如贷款客户的征信不佳难以从商业银行低息贷款，但完全可以自己向小贷公司高息借款，助贷中介虚构了为客户向银行低息借款的事实，实际上就是为其向小贷公司借款并收取服务费，其服务本质就是虚增了借款环节，使高额的服务费成了客户完全无必要支出的损失，可认定成立诈骗罪。如贷款客户的征信不佳，已难以通过个人途径在市场上获取贷款，助贷中介虚构了为客户向银行低息借款的事实，但客观上为其提供了贷款信息，撮合了贷款业务，收取的服务费即使高额，也应当视作其提供服务的对价，难以认定成立诈骗罪。

（四）对“房贷转经营贷”的应对之策

对于“房贷转经营贷”行为中“利率”的认定途径，可以从以下三个层面入手。第一，应整体认定行为人“房贷转经营贷”的行为性质为非法经营。虽然行为人在过程中实施了先垫资还贷，再利用空壳公司套取经营贷偿还垫资两个行为，但从行为的实质上来看，完全符合高利贷“先出借、再回收”的行为特征，可以认定行为人的整个行为就是在从事非法放贷类的非法经营活动。第二，利息应以过程中所有收取的费用整体认定，既包括垫资时直接收取的费用，也包括其他以“服务费”名义收取的费用。理由在于，一是从利息的概念来看，利息就是行为人通过放贷所取得的收益，既然本案整体已认定非法放贷，则过程中所有收取的收益自然应认定为利息；二是从法律的规定来看，“两高”《关于办理非法放贷刑事案件若干问题的意见》的规定，非法放贷行为人以介绍费、咨询费、管理费、逾期利息、违约金等名义和以从本金中预先扣除等方式收取利息的，相关数额在计算实际年利率时均应计入，以整体的概念认定利息也符合司法解释的规定。第三，利率的时间计算应从垫资到账日起算，至经营贷放款日为止，也就是借款人对该笔垫资款的使用时间，这符合一般人认知中利率的时间等于资金从放贷到还款期间的概念。

（五）对“内外勾结”的应对之策

笔者认为，立法将违法发放贷款罪和骗取贷款罪两罪分开规定涉及对合问题，贷款人与银行工作人员的利益导向是不同的，应从罪质与立法目的综合分析，贷款人的行为本质上更符合骗取贷款罪的罪质，银行工作人员则更符合违法发放贷款罪的罪质，这也符合一般人对行为性质的认知。此外，虽然没有贷款审批决定权的一般工作人员明知申请材料造假，由于贷款审批的人员并不知情，贷款人实际上还是欺骗了银行，因此对贷款人和银行工作人员分别按照骗取贷款罪、违法发放贷款罪处理更为妥当。

但需要注意的是，助贷中介往往规模化帮助借款人对信贷资料进行造假，且其为了自身利益往往选择有房产抵押担保的借款人。在司法实践中，针对贷款中介的此种欺诈行为认定骗取贷款罪存在一定困难，刑法规定的骗取贷款罪包括“造成重大损失”及“造成特别重大损失或者有其他特别严重情节”两档刑罚。在认定“其他特别严重情节”时，一般也以“造成重大损失”为前提条件。因此助贷中介即使实施大规模欺诈，但因其涉及贷款中大部分有房产抵押担保，故难以认定造成重大损失。

总而言之，对于助贷中介的刑事规制应遵循罪刑法定的原则，但助贷中介披着“金融创新”的外衣，游离在监管之外，其在行为手段的选择上往往对法律做了规避处理，故对行为是否符合构成要件的解释必须以法条所保护的法益为指导，从事物的本质出发作出准确的认定和判断，不能仅停留在法条的字面含义上。[①]

五、对监管之弊的解决之道

（一）完善对助贷机构的行政监管体系

当前对于涉助贷业务的法律法规的规定较为滞后，已有的规范指引也无法完全适应当前助贷业务的发展现状，使助贷机构、中介处于监管的盲区，所以，有必要从以下几个方面对行政监管体系予以完善：一是加快制定相关法律法规或规范指引，明确助贷业务的概念、边界及工作要求，让相关的监管有法可依。二是明确监管的主体与责任，如构建以地方金融监管局为主导，属地公安、司法、市场监管等部门共同参与的助贷监管体系，提升监管的质效。三是在明确监管主体后适时出台市场准入政策，对提供金融信息中介和交易撮合服务的助贷机构设置合理的行业准入门槛。

（二）压实金融机构信贷业务风控的主体责任

由金融监管部门通过年度评级、定期核查等方式，引导金融机构提升贷后管理的科技信息化水平。鼓励机构通过日常数据筛查、资金流向追踪等，建立助贷机构介入信贷业务的发现机制，压实金融机构对内部从业人员与助贷机构勾连行为的自查自纠责任，对相关行为予以隐匿或者纵容的机构通报处罚。特别是督促金融机构完善各类内外部风险数据，构建科学的风险监测预警模型，切实防止信贷风险的发生。司法机关可通过个案警示与类案发布等，揭示违法犯罪案件中

---

① 张明楷：《实质解释论的再提倡》，载《中国法学》2010年第4期。

骗取信贷资金的手法，促使金融机构进一步规范自身及所属信贷业务员与相关助贷机构的合作，通过定期检视、优化流程、实地走访、排查资金流向等方式，强化对助贷机构推荐或者参与的信贷业务真实性审查。

（三）多方协同打击非法助贷业务

在前端上，金融监管部门引导金融机构主动排查非法助贷业务风险点，重点关注金融从业人员私自与助贷机构开展合作情况，对合作业务流程漏洞积极整改，对违规人员严肃问责，建立健全合作业务管理制度。在后端上，金融监管部门、市场监管局等行政监管部门加强对助贷机构可能涉及的违规发布借贷广告、违规收集客户个人信息数据等行政违法行为的处罚力度，并及时向公安等司法机关移送犯罪线索；司法机关可进一步加强与金融监管部门的行刑协作，以监管部门掌握的金融信贷大数据为基础，运用大数据模型开展类案筛查，着力发现隐藏的犯罪线索，提升刑事打击的成效，同时健全联动执法司法普法机制，会同金融监管部门、司法机关等联合发布典型案例，以案释法，扩大传播力、覆盖面，提升社会公众识别助贷中介违法犯罪的意识与能力，减少不法中介的生存空间。

行贿所获不正当利益追缴纠正的司法应对与公诉职责初探

张军英　王文涛　王赤岸*

长期以来，行贿所获不当得利远高于所付出成本，一些行贿人把行贿视为“稳赚不赔”的投资，通过贿赂拉拢腐蚀领导干部，大搞利益输送、权钱交易，造成国有资产流失，污染危害政治生态。要遏制行贿“一本万利”的行为动机，必须加大对行贿所获不正当利益的追缴和纠正力度，铲除“围猎”这一政治生态的污染源。但实践中对不正当利益的界定、追缴纠正机制的构建在理论研究和实践探索上还不够深入，相应的制度构建也不够健全。本文从检察机关的视角出发，立足司法实务，深入剖析，对检察机关关于行贿所获不正当利益追缴和纠正公诉职责进行理论定义和规范定位，构建从提前介入、审查起诉到出庭公诉、审判监督的一体化、全流程涉案财产追缴和纠正机制，以期对行贿所获不正当利益追缴的司法实践有所裨益。

一、行贿所获不正当利益追缴纠正的理论和实践困境

（一）行贿所获不正当利益追缴纠正相关理论研究的局限性

目前学术界和实务界针对行贿所获不正当利益追缴纠正的理论研

* 张军英，上海市人民检察院第三检察部主任；王文涛，上海市人民检察院第三检察部三级高级检察官；王赤岸，上海市人民检察院第三检察部检察官助理。

究还比较有限。主要问题集中在如下方面：

1. 不正当利益的界定模糊，司法实践中难以量化适用

现有针对不正当利益的研究成果有如下三方面的特点：一是从构成要件角度对“不正当利益”进行界定。比如，有研究就将“谋取不正当”定义为“刑法规定贿赂犯罪构成要件的专业术语”①，并在此基础上对“不正当利益”进行界定。

二是以一元化的标准对“不正当性”进行定义。界定“不正当利益”的核心是确定“不正当性”，所以现有研究成果都试图针对“不正当性”给出统一绝对、非此即彼的标准。现有主流学说就包括“非法利益说”②“不应得利益说”③“手段不正当说”④“不确定利益说”⑤。但学说纷纭，反而造成了“不正当性”问题的理论聚讼。

三是研究手段较为理论化。目前研究的方法更多遵循刑法教义学的基本范式。比如有的学者试图从语义学角度对“不正当利益”进行界定，提出要在刑法整体文本语境的各级语义场中对“谋取不正当利益”进行解释。⑥还有学者提出“将‘谋取不正当利益’的含义放在行贿罪的保护法益、构成要件结构以及刑事政策导向中来理解和把

① 苗有水：《解读刑法上的“谋取不正当利益”》，载《人民法院报》2018年4月11日，第6版。

② 黄道诚、赵辉：《论行贿罪》，载《河北法学》1998年第3期。

③ 高铭暄、马克昌主编：《刑法学》（下编），中国法制出版社2007年版，第1141页。

④ 赖彩明：《谋取程序违法利益亦属“谋取不正当利益”》，载《人民检察》2006年第18期。

⑤ 朱孝清：《论贪污贿赂罪的几个问题》，载《人民检察》1998年第3期。

⑥ 王政勋：《贿赂犯罪中“谋取不正当利益”的法教义学分析——基于语义解释方法的考察》，载《法学家》2018年第5期。

握”。[①] 主张从受贿一方行为方式的角度对“不正当利益”进行界定。

从上述三个特点中，我们不难发现：首先，从构成要件的角度出发，固然是界定“不正当利益”的逻辑起点，但焦点在于“行为人是不是在谋取不正当利益”的问题。而司法实践的问题集中于“行贿人谋取的利益中哪些是不当的，哪些应当予以追缴纠正，如何追缴纠正”。其次，即使是从要件角度进行研究也未形成通说，众说纷纭，交织重复，运用到司法实务中，会进一步引起矛盾冲突。最后，虽然引入了新的研究工具或者以新的角度进行解读，但结论仍是原地踏步。比如，借助语义学的理论工具所得结论仍然是在辨析实体不正当性和程序不正当性。又比如，从受贿人“新违背职务说”角度辨析“不正当利益”，但结论还是在区分违背“具体规则”和“违背原则”，最终回归了“程序不正当”和“不确定利益”的窠臼。

2. 追缴和纠正的研究失焦，缺乏可操作性的机制构建

相较于“行贿所获不正当利益”，针对“追缴纠正”的研究更加薄弱，而且内容上也是实体、程序问题兼论，少有聚焦于追缴纠正的实操机制的成果。具体而言存在如下问题：

一是少有使用追缴纠正的概念。目前相关研究成果，针对行贿所获不正当利益尚未统一规范使用“追缴和纠正”一词，而是沿用常见的“剥夺”一词或者更为广义的“处置”一词，没有具体区分剥夺纠正的手段。

二是研究仍集中于实体问题。相关研究的论述范式基本上先就“不正当利益”的界定开展讨论，后半部分论述“剥夺”的必要性和基本制度构想。部分研究区分了财产性和非财产性不正当利益，但对非

① 车浩：《行贿罪之“谋取不正当利益”的法理内涵》，载《法学研究》2017年第2期。

财产性利益的认定、量化、退赔等未展开阐述。

三是缺乏对追缴剥夺程序机制的实际构建。研究行贿所获不正当利益的剥夺追缴，其目的是最终形成一套行之有效的运行机制，但现阶段即使是司法实务部门的研究成果，也尚未展开深入探讨，缺乏行贿所获不正当利益追缴纠正工作的程序职能定位，制度构建的内容限于加强扣押查封、重视衔接和实质审查、法庭调查等较为笼统的表述。①

（二）行贿所获不正当利益追缴纠正相关司法实践的困境

理论研究的局限与司法实践的困境互为表里。目前司法实践中行贿所获不正当利益的追缴纠正工作也遇到以下几个方面的困境：

1. 各程序阶段职能定位尚不明确

目前对于司法实务部门来说，首要问题在于，在各自的刑事诉讼职责维度内，如何定位行贿所获不正当利益追缴纠正工作。具体而言，《关于进一步推进受贿行贿一起查的意见》和最高人民检察院《关于加强行贿犯罪案件办理工作的指导意见》等规范性文件对于行贿所获不正当利益追缴纠正工作作了规定。但是规定内容还没有转化对应到相关法律规定的调查和诉讼程序。司法机关也就无法根据法律规定的程序分工，在自身诉讼职权范围内对行贿所获不正当利益追缴纠正工作进行定位。比如，检察机关在刑事诉讼过程中履行公诉职责，如果无法将行贿所获不正当利益追缴纠正工作进行细致分解并准确定位到公诉职责中的提前介入、审查起诉、出庭支持公诉，及法律监督等不同的环节和职能，就无法真正有效实现追缴和纠正。

---

① 陈伟、潘泓宇：《行贿所获不正当利益的处置难题及其递进式化解》，载《人民检察》2024 年第 6 期。

2. 缺乏实用性的量化标准

对于行贿所获不正当利益的追缴，核心问题之一是对获利数额的精准核定，但这又往往是司法实践中最大的痛点。现代社会经济活动纷繁复杂，经济利益形式花样百出，给司法认定造成巨大困难。比如通过行贿获取的不正当机会竞争优势转化的财产性利益如何认定其数额。具体如通过行贿手段获取的融资贷款、工程项目之后的投资经营建设获利是否都是不正当利益？如何扣除成本和正当利益？对于这些问题，实务层面尚未形成统一认定和处置标准。

3. 缺乏长效性的机制框架

行贿所获不正当利益的有效追缴本质上是一个从监委调查取证，检察机关履行公诉职责，到法院庭审裁处，最终执行到位的整体流程。各环节在统一标准下紧密衔接配合是最终有效追缴纠正的基本保证。但实践中，相关机制雏形未具，标准有待统一。比如，监委调查取证标准、审计口径依据、财物移送机制程序、检察机关自行补充侦查的启动、庭审专门质证辩论程序、不正当利益的最终裁处执行和监督，均无有效机制的构建。

（三）行贿所获不正当利益追缴纠正司法实践探索的必要性

随着我国反腐败工作的不断深入，司法机关需要充分发挥贴近一线办案的优势，从实体和程序两方面先行开展探索。

实体方面，司法办案中，一方面是根据法律规范和学说理论对个案进行处断，另一方面又通过大量的个案反向影响甚至引导立法和理论研究。司法规范和学理研究不可能完全罗列或者普遍适用于当前社会关系和司法实务，司法实践作为“动态的法”“现实的法”，超越“静态的法”“纸面上的法”，以“个案正义”推动“整体正义”。尤其是具有典型意义的案例，能有效地指导同类案件的处理。“一个案例胜过一打文件”就深刻指出了“案例”与“文件”，也就是法律、司法解释、司法规范性文件的关系。而优秀案例必须通过在司法实践探索中不断筛选积累，尤其是在行贿所获不正当利益追缴这一研究不足的领域，更加需要实务部门实践探索，在个案中给出司法应对和解决方案。

程序方面，司法实践在日常案件办理和财物处置过程中，不断面对新的问题，对于运行机制的痛点堵点有着最切身的体会，在此基础上有针对性地设置程序、构建机制，反复试错，累积经验。以检察机关为例，近年来逐步建立了“四大检察”全面协调充分发展，在此基础上，公诉职责有了全新的依托平台。如能在职务犯罪案件中全流程充分发挥这一优势，就可以找到提升行贿所获不正当利益追缴纠正工作成效的新路径。

二、行贿所获不正当利益追缴纠正的司法应对

行贿犯罪作为一种贪利性犯罪，追逐利益是行贿人铤而走险的动因，必须对行贿犯罪所获不正当利益进行处理，才能遏制行贿的动机。

（一）非财产性不正当利益的正向化纠正

被告人张某、陆某分别向担任某考评中心信息网络管理员的江某请托，由江某利用其负责报送建筑施工安全生产知识考试成绩数据的职务便利，私自将500余人信息添加至其报送的数据中，并虚构考试合格成绩，使得上述500余人在未参加考试的情况下，获得考试合格成绩及《安全生产考核合格证书》，后张某、陆某分别给予江某财物，张某、陆某从中分别获利18万余元、4万余元。

行贿所获不正当利益根据其存在形式可分为不正当财产性利益与不正当非财产性利益两种。不正当财产性利益指可以用金钱价值衡量

的、具有经济性价值的不正当利益，本质是违法所得，[①] 根据刑法第64条规定，应当予以追缴或责令退赔。本案中，张某、陆某所获18万余元、4万余元的财物即属于这一类，检察机关在审查起诉期间积极开展追缴工作，促使张某、陆某主动全额退赔，有效实现追缴效果。

本案中还有行贿所获不正当非财产性利益，张某、陆某通过其行贿行为，使不符合资格的500余人获得相关考评资格，而后者作为一种资质，是无法用金钱价值进行衡量的。实践中，类似的还有职务提拔、经营许可、资格资质等，都属于不正当非财产性利益。由于非财产性利益具有无形性，司法认定和量化的难度都很大，实践中既无法由司法机关执行追缴，获利人也无法自行退赔。最高人民检察院《关于加强行贿犯罪案件办理工作的指导意见》规定，应当建议相关单位依照法律法规等规定通过取消、撤销、变更等措施及时予以纠正。但具体到本案当中，未参加考试却获得《安全生产考核合格证书》的获利人员达到500余名，已经具有一定的群体性，且违规取得资质的时间跨度也各不相同。

本案中，检察机关既没有放任获利人保留资质，也没有采取生硬机械的“一刀切”做法，而是充分履职，灵活协调，联合监察机关督促考评中心采取多层次分步骤的方式进行纠正。通过全面梳理获利人员资质情况，发现其中相当一部分人员的资质证书已临近失效期，于是，立即督促这部分人员尽快重新参加继续教育并实际通过考试。对于通过学习考试的人员，认定其重新获取资质；而对于未重新参加继续教育和考试或虽然参加考试但成绩不合格的，将先前发放的证书予以作废。

---

① 万瑾：《行贿犯罪中不正当财产性利益的认定与追缴》，载《法学前沿》集刊2023年第3卷。

通过这一案例的实践，检察机关有效探索了非财产性利益的纠正机制。首先，在具有一定群体性的案件中，避免僵硬笼统的操作，根据获利人的实际情况动态调整纠正手段。其次，丰富了纠正方式的内涵。《关于加强行贿犯罪案件办理工作的指导意见》规定的纠正手段限于否定性的撤销、废止等。本案中，检察机关促使获利人员参与考试，在其通过考试情况下，由相关部门机构重新确认其资质，既纠正了原来不当获取的资质利益，又为社会输送了更多的具有专业技术资质的人员，探索了从正面肯定角度开展非财产性不正当利益的纠正的新路径。

（二）间接机会型不正当利益市场化处置追缴

被告人蔡某某实际控制的甲公司投资建设了乙建设项目。在施工过程中，甲公司先后实施了超标增加建筑高度、私自进行内部插层、擅自改变建筑物用途等违规行为。为使明显违规的该建设项目能够通过规划审批、建设监管、竣工验收等，进而谋取非法利益，蔡某某向土地规划管理部门等相关管理机构负责人员先后行贿财物 80 万余元。

行贿所获不正当财产性利益可以根据获得利益直接程度的不同，分为直接财产性利益和间接财产性利益，前者是指通过行贿犯罪行为本身即可直接获得的财产性利益，后者是指通过利用行贿犯罪行为获得的财物、机会、条件等，进一步实施其他经营活动而间接获得的财产性利益。[①] 对直接财产性利益进行追缴是司法办案的应然之义，而对间接财产性利益的追缴却存在一定理论争议和实践阻碍，主要有以下两点：一是间接性。有观点认为，违法所得应当直接来源于违法行为，即要有直接因果关系，而行贿犯罪人通过行贿获得的机会开展经

① 胡安琪：《认定与追缴：对行贿罪中“不正当利益”之再思考》，载《重庆三峡学院学报》2015 年第 6 期。

营活动并获利，获利行为这一结果与行贿所获机会是间接关系，因为从行贿犯罪行为达成到取得犯罪所得之间，还要考虑施工建筑、对外经营等其他经营投入因素，而且获利的结果也不是必然发生。二是量化可能性。追缴的前提是能够合理量化，但对间接财产性利益的金钱价值如何衡量、计算，却存在诸多困难。实际上，在判断行贿所获不正当利益范围的时候，应当注意从实质角度进行把握，有的学者就提出从以下三个方面进行界定，一是谋取利益本身不正当，二是获取利益手段不正当，三是违背公平公正原则谋取竞争优势。[①]

根据上述实质审查原则，检察机关对于该类不正当利益应坚持应追尽追，合理追缴的原则。第一，我国刑法规定的财产犯罪，并未严格区分财物和财产性利益，往往把财产性利益包括在财物概念之中，同时2016年“两高”《关于办理贪污贿赂刑事案件适用法律若干问题的解释》第12条规定，贿赂犯罪中的“财物”，包括货币、物品和财产性利益。[②]第二，获利的间接性并不阻却其系犯罪所得的性质，行贿人实施行贿犯罪的目的就是在违法获取相关机会、资质的基础上实施违规建造等行为，并进一步经营获利，从行贿犯罪到最终经营获利，中间有项目招标、施工、经营等行为，都是行贿犯罪行为的正常逻辑发展，不属于因果关系中断等切断因果关系情况。第三，从近年行贿犯罪案件司法实践来看，普遍存在为了获得建筑资质、商业机会而实施行贿犯罪的情况。如果只对直接不正当财产性利益进行追缴，打击行贿犯罪成效将大打折扣，对间接不正当财产性利益也进行追缴，有

---

① 王晓东：《贪污贿赂、渎职犯罪司法实务疑难问题解析》，人民法院出版社2020年版，第163页。

② 陈兴良：《商业机会受贿的刑法教义学分析》，载《清华法学》2025年第2期。

助于进一步遏制行贿犯罪。第四，追缴间接不正当财产性利益具有规范依据，《联合国反腐败公约》对应予剥夺的“犯罪所得”的界定，既包括通过实施犯罪而直接产生或者获得的任何财产，又包括通过实施犯罪间接产生或者获得的任何财产。因此，追缴间接不正当财产性利益符合《联合国反腐败公约》精神，也有助于开展国际反腐败追赃工作。

具体到上述蔡某某行贿案中，蔡某某通过行贿手段使得违法违规建筑项目通过规划审批、建设监管、竣工验收，并进一步通过对外租赁等经营活动谋取非法利益。违法违规的乙建设项目能够竣工并用于经营活动，关键在于蔡某某行贿获取的一系列资质、条件，相关经营收益属于蔡某某行贿所获的间接财产性利益。

在确认了追缴必要性的基础上，司法机关进一步解决了追缴可行性的问题，提出了对乙建设项目实行市场化处置的追缴方案。具体而言，一是第一时间禁止行贿人员和企业从违法项目的经营活动中获利，乙建设项目整体由丙公司包租，丙公司包租后转租给其他租户，在建筑物最终完成之前，相关建筑物的租赁涉及利益方众多，不宜以“一刀切”的方式停止，但也必须停止涉案企业从违法部分中获利，具体做法是由甲公司与丙公司签订补充协议，明确违法加层面积不收取租金。二是通过市场化手段最终追缴涉案建筑物。考虑到乙建设项目部分属于合法建筑，部分违规加建属于违法建筑，整体难以通过拍卖等手段进行最终追缴。经研究，在甲公司自愿转让的前提下，确定由已经承租整体乙建设项目的丙公司进行收购，收购价格按照产证面积计算，违法加层增加的面积不予计算，即收购的交易价格不考虑违法加层面积。通过市场化运作的方式，确保本案行贿人无法从行贿犯罪中获得不正当利益。

三、加强行贿所获不正当利益追缴纠正的公诉职责初探

检察机关在办理职务犯罪案件过程中充分发挥职能是有效追缴行贿所获不正当利益的必由之路，那么就需要对行贿所获不正当利益追缴纠正的公诉职责进行准确的定义和规范定位，进而进行机制构建。

（一）行贿所获不正当利益追缴纠正公诉职责的定义和定位

1. 行贿所获不正当利益追缴纠正公诉职责的定义

对于公诉活动的权能内涵，理论和实践基本形成定论，“应当包括检察机关对享有侦查权的机关或部门侦查终结移送起诉的案件，经过全面审查酌量，以决定是否将犯罪嫌疑人提交法院审判追究刑事责任，以及将犯罪嫌疑人起诉至法院并出席法庭举证、质证，请求法庭对被告人定罪量刑的诉讼活动”。[①] 沿着这个思路，可以将检察机关公诉职责界定为检察机关实施上述诉讼活动过程应然享有的：审查起诉权、自行补充侦查权、决定不起诉权、决定起诉权、提起诉讼权、出庭支持公诉权、法庭举证与质证权、辩论权、声明异议权、抗诉权等权力，以及必须依法充分行使相应权力的责任。

进言之，行贿所获不正当利益追缴纠正公诉职责，可以定义为，检察机关在行贿所获不正当利益追缴的工作中全流程参与的权能和应尽的责任。具体可以划分为调查阶段充分取证；起诉阶段细致审查，正确指控；庭审阶段有力举证、质证、论辩以及对裁判处置依法监督等多个职能环节。

2. 行贿所获不正当利益追缴纠正公诉职责的规范定位

根据最高人民检察院的相关规定，对于行贿犯罪取得的利益，尤其是财产性利益，应当依照刑法第64条予以追缴、责令退赔或返还被

---

① 陈卫东：《我国检察权的反思与重构——以公诉权为核心的分析》，载《法学研究》2002年第2期。

害人。也就是说，行贿所获不正当财产利益应当归入刑法第 64 条所规定的“涉案财物”中的“违法所得”一类进行处理。中共中央办公厅、国务院办公厅联合下发的《关于进一步规范刑事诉讼涉案财物处置工作的意见》要求“完善违法所得追缴、执行工作机制”。所以，行贿所获不正当利益追缴纠正工作总体上应当纳入“刑事诉讼涉案财物处置”进行考量。

最高检要求“健全涉案财物处置公诉职责，重视对涉案财物的事实证据审查，注重提出罚金刑、没收财产刑量刑建议，积极适用认罪认罚从宽等制度，督促引导涉案人员主动退赃退赔，综合运用失信惩戒、行政处罚、民事诉讼等多种手段”。[①] 据此，行贿所获不正当利益追缴纠正的公诉职责也应当定位于刑事诉讼涉案财产处置公诉职责的有机组成部分。

（二）行贿所获不正当利益追缴纠正公诉职责的优势

1. 公诉职责具有承前启后的程序中端优势

在行贿犯罪诉讼程序上，审查起诉处于监委调查和法庭审判的中间，可以多环节参与行贿所获不正当利益的追缴纠正。具有衔接前端、后端的中端优势。

针对监委的前端调查程序，检察机关可以发挥后续的配合制约作用。宪法规定了监察机关的地位以及与包括检察机关在内的司法机关在办理案件过程中的“互相配合、互相制约”的工作关系。就“互相配合”关系而言，由于监察调查和刑事诉讼是前后衔接，逐段推进的线性程序，所以在监察程序向司法程序推进的过程中，监检机关的互相配合至关重要，否则诉讼活动将无法正常开展。就“互相制约”关

---

① 2023 年 12 月，最高人民检察院《关于充分发挥检察职能作用 依法服务保障金融高质量发展的意见》。

系而言，其内涵首先包括监察机关和检察机关在办案中的双向制约，比如，检察机关对于监察机关前期调查收集的证据认定事实的审查起诉工作本身就是一种最切实的制约。具体到行贿所获不正当利益追缴纠正的问题上，检察机关在程序中端履行公诉职责，与监察机关开展互相配合制约的意义就更为明显。监察机关在前期调查中查明认定的行贿事实、行贿人所获利益数额、追缴扣押查封的财物等都必须经过检察机关公诉履职，转化为刑事案件中的相应事实和证据。同时，为后续庭审做准备，检察机关可以通过各种机制手段，要求监察机关查明相关事实，补充调查、完善证据，补充审计、明确金额，补充扣押、追缴财物。

对于法院的后端审判程序，检察机关公诉履职也具有明显的中端优势。以审判为中心的诉讼制度改革是我国刑事诉讼制度发展的大趋势，但这并不意味着否定审前程序和检察机关对审判活动进行诉讼监督的重要性。[①] 相反检察机关应当利用作为审判前道程序的优势，围绕庭审这一刑事诉讼的焦点中心，充分履行公诉职责。尤其是在庭审实质化的大背景下，检察机关庭前审查起诉、出庭支持公诉的一系列工作，对于保证庭审质量的作用更为明显。具体到行贿所获不正当利益的追缴工作，庭前查明事实证据的内容自不待言，对于相关涉案财物处置工作，如何在庭审中通过实质程序予以体现，并为法庭后续有效处置执行提供支持依据，这是检察机关处于庭审前道程序中必须履行的职权和应尽的职责义务。

2. 公诉职责具有丰富多元的履职内容优势

在权责内容上，检察机关公诉职责具有丰富的内涵。经过监检衔

---

① 王守安：《以审判为中心的诉讼制度改革对检察工作的影响》，载《人民检察》2014年第22期。

接机制的不断探索和检察体制改革的不断深入，检察公诉权能在原有审查起诉、出庭支持公诉和法律监督的基础上，增加拓展了提前介入、认罪认罚从宽、延伸社会治理等更加丰富的内容。尤其在行贿所获不正当利益的追缴纠正工作中，检察机关因其公诉职责的这种丰富多元的内容，具有非常明显的权能优势。因为追缴纠正工作本身就是一项综合性司法工作，而纵观参与查办审理职务犯罪案件的监检法机关，只有检察机关能够通过公诉职责的履行，全覆盖式地参与到相应工作当中去。具体而言，通过履行提前介入的职责，检察机关配合监察机关开展调查，查明行贿犯罪和获利情况，及时固定证据；通过履行审查起诉和出庭支持公诉的职责，检察机关在明确起诉事实、证据的基础上，有力指控犯罪，在举证质证环节向法庭证实行贿人获利情况，在公诉意见中提出相应的处置意见；通过履行认罪认罚从宽等审前程序职责，检察机关可以有效促使行贿人和涉案人员主动退缴不正当利益；而依托“四大检察”的综合履职，充分调动社会资源，不仅可以探索创新对非财产性利益的追缴模式，还可以对相关企业、行业、领域进行整治规范，有效实现社会治理，拓展反腐成效。

（三）行贿所获不正当利益追缴纠正公诉职责的机制建构

虽然检察机关因其所处诉讼程序位置和公诉职责内容，在行贿所获不正当利益追缴纠正工作中具有天然的优势，但要将这种优势转化为检察工作实绩，还需要进一步对行贿所获不正当利益追缴纠正工作中如何履行公诉职责构建行之有效的履职模式。具体而言，可根据最高检相关规范要求，将行贿所获不正当利益追缴纠正公诉职责划分为提前介入、提起公诉和检察一体履职等多个环节，分别进行模式机制构建。

1. 提前介入环节构建双向衔接职责机制

首先，实体认定标准统一化。检察机关在提前介入阶段应就案件调查实体问题与监察机关深入沟通，并提出初步意见。除了对行贿案件基本犯罪事实认定之外，在行贿所获不正当利益的事实证据认定方面也应当履行公诉职责。鉴于目前对于相关利益的性质范围，在实践中尚未统一认识，检察机关在履行公诉职责过程中，除个案层面提供意见之外，应当与监委共同研商，逐步形成客观统一的认定标准作为同类案件的处理依据。

其次，证据收集模式标准化。在以审判为中心诉讼制度改革的大背景下，庭审证据要求日益提高。检察机关作为出庭支持公诉的责任主体，应当充分发挥程序中端优势，在初步了解行贿案件获利情况的基础上，就相关获利事实以及与行贿行为的关联性的证据收集工作向监委提出意见，尤其是作为司法机关，根据刑事诉讼法和相关证据规则的要求，提出标准化建议，确保监察机关进行调查取证符合要求，为后续案件审理和财物处置打下坚实的证据基础。

最后，追缴扣押程序规范化。行贿所获不正当利益的有效追缴纠正，很大程度上依赖于前期查封扣押的即时性和有效性，只有尽量靠前才能最大程度保证扣押查封的全面和规范，实现充分追缴和纠正。这就需要检察机关在提前介入阶段充分履行公诉职责，尤其是在扣押查封程序上，向监委提出规范化建议，减少、避免追缴方式和程序上的瑕疵，并保障监检衔接过程中规范有效移送财物。

2. 提起公诉环节构建庭审实质化职责机制

首先，在审查起诉阶段，公诉履职主要集中在案件事实和证据的审查方面。针对行贿犯罪，应当增加针对不正当获利相关内容的审查。尤其围绕庭审中的举证、质证和论辩环节，针对获利形式、范围、金额、与行贿行为因果关系、查扣在案财物等相关内容进行集中准备。

在审查起诉阶段有一项重要的公诉职责应当注意，即充分履行自行补充侦查的职责。“退回补充调查、补证和自行补充侦查构建了职务犯罪案件补查体系，对检察机关完善以证据为核心的指控体系，履行证明犯罪责任，提升职务犯罪案件办理质效具有重要意义。”[①]《人民检察院刑事诉讼规则》第344条规定了职务犯罪案件中，人民检察院可以自行补充侦查的情形，其中，第2项为“物证、书证等证据材料需要补充鉴定的”。行贿所获不正当利益的金额价值是追缴工作的基础和标准，检察机关在全面审查监委移送相关证据和审计鉴定结论的基础上，如发现新的证据、财物或审计鉴定口径需要调整的，可以依照上述规定，履行公诉职责，补充审计鉴定。为了有效补充审计或查明其他相关事实，检察机关也可依照第344条第3项规定，自行补充侦查，收集证据。

此外，审查起诉阶段的公诉职责内容还包括充分运用认罪认罚从宽制度，促使行贿犯罪嫌疑人主动退赔其不正当获利；又要合理提出罚金刑、没收财产等量刑建议，最大程度体现追缴纠正的公诉职责效能。

其次，在出庭支持公诉阶段，通过举证、质证和发表公诉意见充分履行公诉职责，实现庭审实质化。一直以来对于涉案财物处置工作，始终有呼声要求强化检察机关对刑事没收的举证责任。[②]这既顺应以审判为中心诉讼制度改革的趋势，也是检察机关在涉案财物处置中履行

---

① 史卫忠：《监察机关与检察机关办案衔接难点问题解析》，载《人民检察》2021年第21—22期。

② 向燕：《刑事涉案财物处置的实证考察》，载《江苏行政学院学报》2015年第6期。

公诉职责应尽的义务。而行贿所获不正当利益追缴纠正工作，作为涉案财物处置的一个相关领域，检察机关应当积极探索，体现履职担当。具体而言，在庭审环节针对不当获利的事实设置专门环节进行举证，逐一出示关于获利过程、利益形式、获利价值和追缴扣押的相关证据。从实体到程序，充分向法庭说明追缴依据、范围和方式。在法庭辩论阶段，应当呼应上述的示证质证环节，就追缴方式明确发表公诉意见，同时结合行贿罪被告人认罪退赔的情节，提出或调整量刑建议。

最后，在审判阶段，检察机关应在法律监督的传统职责范围内，强化对行贿所获不正当利益追缴纠正相关内容的法律监督。这其中既包括在考虑追缴纠正情况下，针对被告人的刑罚处断；也包括针对相关财物处置适当与否。近年来，对于在刑事诉讼涉案财物处置程序中引入对物诉讼制度，理论界逐渐形成共识，“在被告人到场的案件中构建违法所得没收程序，可能是完善涉案财物追缴制度的必由之路”。[①]所以，在行贿案件中引入对物之诉，实现对不正当利益追缴纠正，与检察机关的相应履职途径不谋而合。在理论实践已经形成通说的基础上，下一步就是诉讼结构的构建和具体程序的设置，随着立法完善和理论发展，检察机关在这一领域将有更加广阔的履职空间。

3. 一体履职环节构建综合惩戒职责机制

随着检察体制改革的不断深入推进，检察机关逐步形成刑事、民事、行政、公益诉讼“四大检察”、四维一体的检察职能新体系。“四大检察”协同一致，为刑事检察部门充分履职提供了更加坚实的基础和更加广阔的视野。这一优势在行贿所获不正当利益追缴纠正这一综合性更高的工作领域内体现得尤为突出。

---

① 陈瑞华：《刑事对物之诉的初步研究》，载《中国法学》2019年第1期。

首先，内部线索移送。检察机关在办理行贿案件时，充分依托人民检察院内部移送法律监督线索工作机制，积极履职。比如在涉及民事司法领域的行受贿案件中，对因行贿行为导致的不当民事裁判，通过内部移送机制，将线索移送民事检察部门，并向涉案法院制发检察建议，启动再审程序，规范民事审判活动。

其次，开展行刑衔接。行受贿案件中，存在受贿人已被移送审查起诉，行贿人由于主动交代并未立案调查并移送起诉，导致其行贿所获不正当利益无法进行追缴的情况。还有部分非财产性不正当利益，如职务职称、政治荣誉、经营资格资质、学历学位等，仅通过司法程序无法纠正。针对上述情况，检察机关履行公诉职责过程中应当建立线索移送的长效机制，借助行政机关的罚没或者取缔等执法手段，对上述行贿所获不正当利益予以追缴纠正。

最后，多方配合，完善“黑名单”制度。检察机关针对行贿人，在追缴和纠正其不正当获利的基础上，可以协同相关部门建立行贿人“黑名单”数据库，以此为基础，建立联合惩戒信息平台，链接组织人事、市场监管、财政税务等机关形成行贿所获不正当利益的信息发现、转处、通报、反馈机制。

四、结语

行贿所获不正当利益的追缴纠正是受贿行贿一起查、一起追工作的必然要求，是从根源上治理行受贿犯罪，杜绝权钱交易的有效手段。在案件办理过程中，司法机关应本着高质效办理每一起职务犯罪和对违法所得应追尽追的工作原则，针对间接机会型不正当利益和第三人非财产性不正当利益进行有效追缴。检察机关在办理职务犯罪案件过程中，充分依托“四大检察”业务的基础，发挥公诉职能，定位于涉案财物处置公诉职责的规范坐标系，全流程构建行贿所获不正当利益追缴纠正公诉职责相关机制，为职务犯罪案件有效追赃挽损，根治权钱交易腐败问题开展有益的实践探索。

供需视域下职务犯罪案件适用认罪认罚从宽制度研究

李光林　陈苏琳*

国家监察体制改革将政务监察以及对职务违法犯罪的调查等职能整合后由国家监察部门统一行使，并出台《中华人民共和国监察法》（以下简称《监察法》）等作为支撑。《监察法》第34条①赋予了监察机关调查职务犯罪案件时适用认罪认罚从宽制度的权力，自此认罪认罚从宽制度成为“两法衔接”的一个重要“枢纽”。②然而，由于机关职能、立法目的、制度使命等存在差异，认罪认罚从宽制度在监察与司法衔接的实践中，存在着启动程序复杂、适用标准不统一、监检认识分歧、权利保障缺位等问题，为职务犯罪案件中认罪认罚从宽制度的有效衔接、精准适用带来客观阻碍，需要及时研究解决。

---

* 李光林，重庆市合川区人民检察院党组书记、检察长；陈苏琳，重庆市酉阳土家族苗族自治县人民检察院检察一部检察官助理。

① 《中华人民共和国监察法》第34条：“涉嫌职务犯罪的被调查人主动认罪认罚，有下列情形之一的，监察机关经领导人员集体研究，并报上一级监察机关批准，可以在移送人民检察院时提出从宽处罚的建议：（一）自动投案，真诚悔罪悔过的；（二）积极配合调查工作，如实供述监察机关还未掌握的违法犯罪行为的；（三）积极退赃，减少损失的；（四）具有重大立功表现或者案件涉及国家重大利益等情形的。”

② 汪海燕：《职务犯罪案件认罪认罚从宽制度研究》，载《环球法律评论》2020年第2期。

一、供给端：职务犯罪案件适用认罪认罚从宽制度的实践阐述

（一）职务犯罪案件适用认罪认罚从宽制度的法律规范

《中华人民共和国刑法》（以下简称《刑法》）、《中华人民共和国刑事诉讼法》（以下简称《刑事诉讼法》）及《监察法》从实体与程序层面为认罪认罚从宽制度在职务犯罪领域的适用提供了规范性保障。

1.《刑法》相关规范

《中华人民共和国刑法修正案（九）》对《刑法》第383条、第390条进行修改，从实体层面规定了贪污、行贿等行为可以从宽处罚。《关于常见犯罪的量刑指导意见（试行）》第14条中也明确了对具有认罪认罚情节的，可以视情节减少基准刑的刑罚幅度。从实体上看，职务犯罪案件中，被调查人自愿、如实供述，具有认罪认罚情节的，可以对其从宽处罚。

2.《刑事诉讼法》相关规范

认罪认罚从宽制度于2018年被正式纳入《刑事诉讼法》，成为中国刑事司法发展史上的一个历史坐标。《刑事诉讼法》第15条[①]与《关于适用认罪认罚从宽制度的指导意见》（以下简称《指导意见》）对制度含义、适用程序、权利保障等进行细化明确。从正向适用视角来看，认罪认罚从宽制度适用的案件范围原则上没有限制，这也意味着职务犯罪案件同样可以适用认罪认罚从宽制度。

3.《监察法》相关规范

《监察法》是当前职务犯罪调查的权威依据，其中第34条对认罪认罚的具体情形以及从宽处罚予以了规定。《中华人民共和国监察法实

① 《中华人民共和国刑事诉讼法》第15条："犯罪嫌疑人、被告人自愿如实供述自己的罪行，承认指控的犯罪事实，愿意接受处罚的，可以依法从宽处理。"

施条例》(以下简称《实施条例》)在《监察法》的基础上，围绕适用情形、权利保障、衔接形式等进行了细化，也为认罪认罚从宽在职务犯罪案件中的适用搭建起制度框架。

(二)职务犯罪案件适用认罪认罚从宽制度的法律特征

1. 宽严相济不断凸显

伴随着监察体制改革，腐败治理从“重惩罚、轻防范”向“预防与惩罚并重、预防为先”的新机制过渡。[①]《中国共产党纪律处分条例》区分不同情形确立了监督执纪“四种形态”，环环相扣、层层设防，涵盖了从防微杜渐的教育警醒措施，也囊括了有腐必惩、有贪必肃的违法立案措施。二十届中央纪委三次全会中也再次明确要以规范运用“四种形态”为导向严格纪律执行。《监察法》第5条[②]、第52条[③]同样明确了宽严相济的处罚原则，并根据不同的情节设定了不同的处罚标准。由此可以看出，监察法法律体系的不断丰富完善的过程是对宽严相济的贯彻和落实的过程。

2. 实体判断有不同

综合相关文件以及监察实务来看，“两法”中对认罪认罚的实质判断存在一定的差异。一是认罪形式不同。《刑事诉讼法》中的认罪既包

---

① 魏昌东:《积极治理主义提升立法规制腐败的能力》，载《中国社会科学报》2014年10月31日。

② 《中华人民共和国监察法》第5条:“国家监察工作严格遵照宪法和法律，以事实为根据，以法律为准绳;权责对等，严格监督;遵守法定程序，公正履行职责;尊重和保障人权，在适用法律上一律平等，保障监察对象及相关人员的合法权益;惩戒与教育相结合，宽严相济。”

③ 《中华人民共和国监察法》第52条第1项:“监察机关根据监督、调查结果，依法作出如下处置:(一)对有职务违法行为但情节较轻的公职人员，按照管理权限，直接或者委托有关机关、人员，进行谈话提醒、批评教育、责令检查，或者予以诫勉。”

括主动、积极的认罪，也包括被动、消极的认罪。《监察法》在认罪的实质性评价上，增加“主动”一词，更加突出强调被追诉人的积极性、主动性以及自愿性，否定了消极、被动的认罪形式。二是认罪标准不同。《监察法》从正向适用视角进行了细化，将自愿认罪与立功、自首、退赃等独立并行适用，即在自愿如实供述案件事实基础上，还需要具有自动投案、积极退赃、重大立功等四种特定情形之一的，才能够认定为认罪。相较于普通犯罪案件，监委阶段适用情形实质上是将自愿认罪与立功、自首、退赃等独立情节并行适用。三是从宽范围不同。《刑事诉讼法》既包括实体从宽，也包括程序从简。《实施条例》第 213 条将监察机关提出的从宽内容限定为实体从宽，暂未拓展到根据被调查人认罪认罚情况来确定程序上是否从简。

3. 程序适用有差异

《指导意见》[①] 以及《人民检察院办理认罪认罚案件监督管理办法》细化了认罪认罚从宽制度的启动程序，以“自愿 + 见证”作为核心要素，除特殊情形、特殊案件外，一般由检察官自行决定启动。而监察机关适用认罪认罚从宽制度均需经过内部集体决定与上级审批同意程序双向叠加后才能够适用，实质上让上一级监察机关成为制度适用的决定机关。这种双重把关方式在一定程度上能够保证适用此制度的准确性，但同时“提级审批”的设计使得审查流程复杂。

---

① 《关于适用认罪认罚从宽制度的指导意见》第 31 条第 1 款：“签署具结书。犯罪嫌疑人自愿认罪，同意量刑建议和程序适用的，应当在辩护人或者值班律师在场的情况下签署认罪认罚具结书。犯罪嫌疑人被羁押的，看守所应当为签署具结书提供场所。具结书应当包括犯罪嫌疑人如实供述罪行、同意量刑建议、程序适用等内容，由犯罪嫌疑人、辩护人或者值班律师签名。”

（三）职务犯罪案件适用认罪认罚从宽制度的实践意义

1. 保障诉讼权益的应有之义

《监察法》顺应时代趋势写入认罪认罚从宽制度，通过前期以证据开示、释法说理、教育引导等方式促进被调查人认罪悔罪、主动供述，有效降低了证据收集难度，同时也对打击犯罪和保障人权进行了有效平衡。

2. 提升诉讼效率的切实之需

职务案件中犯罪主体具有特殊性，被调查人普遍具有高学历和高智商，社会关系盘根错节，作案手段更加隐蔽化、多样化、复杂化。认罪认罚从宽制度针对不同被追诉人，以个案情节的差异化为标准，区分不同阶段的认罪，坚持先认罪优于晚认罪，从宽的红利随着程序推进而递减，以此促使被调查人缓和对抗态度，推动案件证据的全面固定和收集。

3. 助推反腐效果的务实之举

党的十八大以来，陆续制定了《监察法》《实施条例》等反腐败国家法律，防治腐败的制度笼子不断扎紧。认罪认罚从宽制度以其独有的制度优势全面提高办案效率、不断夯实证据体系，在保证案件办理质量的前提下，及时有效回应人民群众对于职务犯罪案件高效查处的期待，是法治化进程中推进反腐败建设的一大利器。

二、需求端：职务犯罪案件适用认罪认罚从宽制度的适用现状

为全面客观分析职务犯罪中认罪认罚从宽制度适用情况，本文对C市2023年职务犯罪案件中认罪认罚从宽制度适用情况进行调研，[①] 并

① 数据统计口径：2023年1月至2023年12月，C市检察统一业务应用系统办案数据。

重点围绕制度适用比例、繁简分流效果、量刑能力等方面的运行情况进行分析，结合实践现状对制度适用情况的质与效进行深度剖析。

（一）制度适用比例有待提升

2023年以来，C市共受理职务犯罪案件314件365人，提起公诉237件267人，认罪认罚从宽制度适用率为64%。纵向比较来看，2023年C市认罪认罚从宽制度适用率同比提高21个百分点，适用数量与适用比例不断上涨。横向比较来看，2023年普通犯罪案件中适用率为90.38%，高于职务犯罪案件适用率约26个百分点，职务犯罪案件制度适用比例仍有待提升。而制约制度适用的原因集中于以下几个方面：一是适用标准存在区别。《监察法》相较于《刑事诉讼法》有着更为严格的实体、程序条件，部分被调查对象虽然符合《刑事诉讼法》中认罪认罚条件，其并未能全额退缴违纪或犯罪所得、不具有自首、立功情节等，故在监察阶段无法适用。而现有的制度设计中，还未对监察阶段的适用前端与检察机关的适用后端进行有效衔接，难以满足司法实践的需求。二是程序衔接存在障碍。实践中存在监察机关移送案件材料时，未在移送文书中明确是否适用认罪认罚从宽制度，一定程度上限制了认罪认罚从宽制度的有效适用。三是靠前协调机制缺失。《人民检察院刑事诉讼规则》明确检察机关经监察机关商请后可以依法提前介入职务犯罪案件。司法实践中，检察机关介入的重点是对补充完善证据、对案件事实和性质认定以及涉案财物处理等问题进一步提出意见和建议，而对于认罪认罚从宽制度的适用以及争议性事项的协商能否作为提前介入的内容缺乏规定支撑。

（二）繁简分流效果不突出

相较于其他普通刑事案件，职务犯罪案件中程序从简较少体现。2023年以来，适用认罪认罚从宽制度的职务犯罪案件中，法院开庭审理的共158件，其中普通程序审理占比78.5%，简易程序审理占比21.5%，普通程序适用率仍处适用高位，繁简分流功能体现不充分。一方面，相较于其他刑事案件，职务犯罪案件政治性、敏感性更强，社会影响力更大，基于案件质量、社会效果和审理时间等原因，使得文书制作和出庭公诉工作难以简化，不适宜采用简易或速裁程序审理；另一方面，由于《监察法》与《刑事诉讼法》关于是否能够程序从简的规定不同，在规范适用认罪认罚从宽理念上还未能凝聚共识。

（三）量刑能力有待提升

据数据显示，提出量刑建议160份，其中提出幅度刑量刑建议61人，提出确定刑量刑建议99人，法院采纳率为94%，审判阶段调整量刑建议18人。一是量刑能力有待提高。职务犯罪案件影响量刑的因素较为复杂，部分情节如犯罪动机、作案时间、行为手段等无法有效量化。在当前职务犯罪案件办案量总体不大，部分办案人员量刑协商的实践经验积累不足的情况下，对各项从轻、减轻量刑情节的调节幅度不能合理把控，导致量刑的准确性有待提高。二是量刑标准尚不统一，规范依据仍然欠缺。由于暂无明确统一的量刑指导意见，导致不同地域、不同办案人员之间对量刑标准的把握不一。三是监检衔接不够顺畅。根据相关规定，监察机关移送审查起诉时应同步移送量刑证据、涉案人员处理情况等，但实践中有的监察机关未能全面、按时移送上述材料。

三、改革端：职务犯罪案件适用认罪认罚从宽制度的完善路径

（一）适用共识之达成：以监检衔接为核心

一是提前介入夯实适用基础。监察调查程序是职务犯罪案件中适用认罪认罚从宽程序的起点，检察机关应高度注重与监检机关的衔接

配合，充分发挥提前介入的实质性作用，及时了解案件证据情况及办理进度，动态掌握案件被调查人认罪悔罪动向，以确保案件符合认罪认罚从宽适用基础。同时，注重对量刑证据特别是自首、立功等证据的审查，建议监察机关尽快收集后移送，也为提出量刑建议奠定基础。而且也需要与监察机关达成制度适用共识，在提前介入阶段增加对启动认罪认罚从宽制度的建议机制及会商机制，针对适用分歧点、程序梗阻点、证据空缺点等争议问题进行商讨、研究。

二是会商研究统一适用标准。职务犯罪案件办理工作横跨监察调查与司法诉讼两个程序，在实体适用与规则衔接上具有特殊性。应以加强反腐协作为牵引，以沟通协调为抓手，通过召开联席会议、适用情况通报、联合培训等方式，就认罪认罚从宽制度的实体适用标准、程序衔接方式等进行沟通协商。对已达成共识的事项，积极推动以联席会议或者联合会签规范性文件等形式，建立长效实体衔接机制。上级院要强化对下指导，对本地区分歧较大的共性问题，及时与同级监察机关沟通，有效形成反腐合力。

三是分析研究解决适用梗阻。通过与监察机关、法院对制度适用情况进行联合专题调研，分析梳理制度适用中存在的普遍问题，找准后续工作发力点，合理解决在适用情形、类案量刑、权利保障等方面的难点堵点。检察机关与监察机关应建立健全案件质量评查制度，重点对制度适用情况、从宽建议情况、办案周期以及适用质量等综合评价，并对监检衔接不畅、同案不同办等重点案件进行分析，在定期召开监检联席会的基础上，对各类问题定期归类汇总并书面通报监察机关。

（二）制度质效之提升：以规范履职为基础

一是发挥指控证明犯罪的主导责任。始终坚持证据裁判原则和法定证明标准，全面审查定罪量刑证据，要结合被调查人讯问笔录、到案经过、悔罪表现等证据进行综合审查，既要确保定罪证据确实充分，达到起诉标准；同时也要对检察官办理认罪认罚案件中执行法律政策、落实司法责任制等情况实施同步动态监督，坚决防止强迫认罪认罚和“宣告式”认罪认罚案件发生，在案件审查高质量的基础上做到认罪认罚的高质量。

二是落实监督制约责任。《实施条例》明确监察机关调查完毕后移送起诉的，应载明适用认罪认罚从宽制度情况。① 检察机关应围绕被调查人认罪认罚的自愿性、真实性，对制度适用正当性、从宽建议合理性进行全面实质审查。对于从宽处罚建议的合理合法结果，要给予反馈；对于适用意见不符合案件事实或审查起诉阶段出现新的事实证据不宜适用的，征求监察机关意见后，依法作出不予适用的决定。

三是加强业务跟踪指导。上级院应配套职务犯罪案件认罪认罚专项台账，对重大敏感案件和跨区域处理的类案和系列案件要开展常态化指导与点对点跟进，对适用率较低、适用规范化较差的重点加强督导。发挥类案的引领和示范作用，联合监察机关、法院制发一批职务犯罪案件认罪认罚典型案例，共同制定职务犯罪案件适用审查标准，囊括涉案领域、作案时间、退赃情况、自首、立功等情况，以清单式、表格化列明审查重点，推动实现以点带面。

（三）量刑协商之健全：以精准规范为主旨

一是畅通量刑协商互动。省级检察院应结合本地职务犯罪工作实

---

① 《中华人民共和国监察法实施条例》第 189 条第 1 款：“调查组对被调查人涉嫌职务犯罪拟依法移送人民检察院审查起诉的，应当起草《起诉建议书》。《起诉建议书》应当载明被调查人基本情况，调查简况，认罪认罚情况，采取留置措施的时间，涉嫌职务犯罪事实以及证据，对被调查人从重、从轻、减轻或者免除处罚等情节，提出对被调查人移送起诉的理由和法律依据，采取强制措施的建议，并注明移送案卷数及涉案财物等内容。”

际，联合监委、法院出台量刑规范性文件，从数额标准、量刑情节、从宽幅度、附加刑等进行统一规范，有效解决双方沟通不畅、理解不一等问题。检察人员在办理具体案件中，应准确把握高效反腐与宽严相济的平衡点，在全面考量被告人认罪态度、主观恶性等因素的基础上提出量刑建议。量刑建议以确定刑为原则，确有困难的，尽可能缩小幅度刑范围。

二是落实控辩实质协商。在适用认罪认罚从宽制度过程中要严格落实权利告知、证据开示等制度，确保在及时获得法律帮助且明确认罪认罚法律后果的基础上自愿认罪认罚。要实化细化认罪认罚具结与量刑协商环节，认真听取辩护人、被告人关于量刑证据与量刑情节的意见，明晰控辩争议焦点，充分释法说理，从而确保认罪认罚从宽制度的稳定适用。

三是搭建职务犯罪案例库。推动量刑智能辅助系统适时更新，通过建立职务犯罪案件案例库，收集整理近 5 年以来职务犯罪案件信息及判决情况，以案件类型、量刑要素等为搜索类别，分门别类进行归纳、整理，供办案查询，通过强化职务犯罪案件大数据的研究和运用，充分发挥生效判决的指引作用。

（四）适用效果之延伸：以权利保障为抓手

一是提供全方位保障。要将办案细节主动置于镜头之下，在办案过程“看得见”“真透明”的基础上，更加注重质效，重点围绕审查认定主要犯罪事实、认定罪名、适用法律、量刑情节及对应从宽幅度等方面释法说理。同时，规范推进刑事案件律师辩护全覆盖，为犯罪嫌疑人、被告人获得更全面有效的刑事辩护或法律帮助创造积极条件，从而有效保障职务犯罪案件质量，降低犯罪嫌疑人认罪认罚后反悔的风险。

二是构建分层处理机制。一方面，坚持罪刑法定原则。对轻微犯罪案件以及其他具有法定从轻、减轻处罚等情节且愿意认罪认罚的被调查人，根据案件情况可以作出相对不起诉、建议缓刑或引入取保候审等非羁押型强制措施。对于情节严重、持续时间长、涉案范围广或者拒不认罪悔罪的，要坚决依法从严惩处。同时，综合运用违法所得没收程序、跨境腐败治理、“一案双查”等措施，消除腐败土壤，解决腐败的增量问题。另一方面，重视诉讼程序的分流功能。对于案情简单、被告人自愿认罪认罚的案件，稳妥扩大职务犯罪认罪认罚案件速裁程序、简易程序适用率，推动提升职务犯罪整体办案效率，推动打造一批认罪与认罚并重、指控与说理并重的速裁、简易程序庭审精品案件。

三是开展队伍联合共建。针对职务犯罪认罪认罚从宽制度适用中存在的共性问题、突出问题联合开展同堂培训，既查找不足、补齐短板又消除分歧、凝聚共识，切实提升监检法司法办案水平。定期以共享优质教育资源，邀请调查人员参加庭审观摩、组织类案研讨、开展案件评析等促进检监沟通，不断提升职务犯罪案件质量。

Dianxing Anli

典型案例

检察机关常态化开展扫黑除恶斗争典型案例*

案例一　罗某明等人组织、领导、参加黑社会性质组织案

【关键词】

黑社会性质组织　开设赌场　警情串并　综合治理

【基本案情】

被告人罗某明，男，43岁，无业。曾因犯非法拘禁罪被判处有期徒刑七个月，因非法携带管制刀具、殴打他人、故意毁坏财物、赌博多次被行政处罚。

被告人詹某，男，38岁，无业。曾因犯盗窃罪被判处有期徒刑七个月，因寻衅滋事、赌博被行政处罚。

被告人王某登，男，36岁，无业。曾因故意损毁财物、赌博被行政处罚。

被告人陆某会，男，37岁，无业。曾因伪造身份证件、殴打他人被行政处罚。

其他11名被告人基本情况略。

2008年以来，被告人罗某明带领被告人王某登开始在江苏省苏州市相城区陆慕镇、东桥镇等地赌场混迹，并通过放“水钱”收取高

* 2025年2月5日最高人民检察院印发。

额利息。2012年起，被告人罗某明、王某登在苏州市相城区黄埭镇拓展贵州老乡赌博圈，陆续招揽被告人詹某、陆某会、李某刚、李某龙等人在黄埭镇东桥一带通过开设赌场、发放“水钱”，逐渐积累资金，发展涉赌人脉关系。2013年10月22日，为排除竞争对手、争抢赌客资源，被告人罗某明纠集手下持砍刀、钢管、鱼叉等工具，在苏州市相城区黄埭镇西桥村与他人斗殴，后罗某明团伙在苏州市黄埭镇一带站稳脚跟，并开始有组织地实施各种违法犯罪活动。

2013年以来，为进一步壮大势力、谋取非法利益，被告人罗某明陆续纠集、吸收被告人麦某伟、龙某、卢某平等10余名刑满释放人员和社会闲散人员，通过发放工资、聚餐娱乐、派发红包、善后安抚等方式对组织成员进行拉拢、控制，采取训斥、调岗、开除等方式对违反纪律、背离组织的成员实施惩戒、立威，逐渐形成了以罗某明为组织者、领导者，詹某、王某登、陆某会为骨干成员，麦某伟、龙某、卢某平为积极参加者，杨某全等人为一般参加者的黑社会性质组织。

该组织长期盘踞在苏州市相城区黄埭镇、无锡市新吴区鸿山街道等城乡交界地带，利用位置隐蔽、监管薄弱等条件，以开设赌场、高利放贷为基础和资金来源，以暴力为后盾排挤竞争对手、维护非法利益，“以黑护赌”，实施敲诈勒索、寻衅滋事、非法拘禁、故意伤害等违法犯罪活动，保障非法债权实现，攫取巨额经济利益，并通过豢养组织成员、租赁场所、摆平事端、提供治疗费用、安抚善后以及组织成员娱乐和挥霍等，“以赌养黑”，维持组织的运行、发展。

2013年10月至2021年5月间，该组织以暴力、威胁或者其他手段，为非作恶，欺压、残害群众，有组织地实施了聚众斗殴、开设赌场、诈骗、敲诈勒索、寻衅滋事、非法拘禁、故意伤害、诬告陷害等51起违法犯罪，涉及两地10余个乡镇（社区），受害群众100余人。

该组织通过实施大量违法犯罪活动，非法控制苏州市相城区黄埭镇、无锡市新吴区鸿山街道等城乡交界区域的高利放贷、赌博等非法行业，干扰他人正常生产、经营、生活，在当地造成恶劣影响。通过暴力手段，非法逼讨债务，为非作恶，称霸一方，对当地群众形成心理强制、威慑，致使多名合法利益受损的群众不敢通过正当途径举报、控告。如该地区被诈赌的农村居民张某仙等人被迫变卖4套拆迁安置房，偿还非法债务。该组织实施民事虚假诉讼、诬告陷害等违法犯罪，多次干扰破坏国家机关工作秩序，还通过拉拢、腐蚀国家工作人员，寻求庇护，逃避打击，坐大成势，严重破坏了政府公信力和司法公正。

本案由无锡市公安局新吴分局侦查终结，向无锡市新吴区人民检察院移送审查起诉。新吴区人民检察院于2022年11月15日，向新吴区人民法院提起公诉。2022年12月31日，新吴区人民法院作出一审判决，以组织、领导黑社会性质组织罪，聚众斗殴罪，开设赌场罪，诈骗罪，敲诈勒索罪，寻衅滋事罪，非法拘禁罪，故意伤害罪，诬告陷害罪，数罪并罚，判处罗某明有期徒刑二十年，剥夺政治权利二年，并处没收个人全部财产；对其余被告人以其参与之罪分别判处有期徒刑十五年至一年六个月不等和相应的财产刑。宣判后，部分被告人上诉。2023年4月21日，无锡市中级人民法院裁定驳回上诉，维持原判。

【检察机关履职过程】

（一）及时介入引导侦查，深挖彻查涉黑犯罪。2021年5月，被告人罗某明等人在无锡市新吴区开设赌场时被无锡市公安局新吴分局抓获，并当场查获借条60张，涉及金额计人民币426万余元。经初步研判，该团伙在无锡、苏州农村交界地区可能存在有组织实施非法放贷、暴力讨债等黑恶犯罪线索。新吴区人民检察院接到通报后，及时提前介入引导侦查，后与无锡市公安局新吴分局会商案情4次，引导公安机关全面检索涉案人员在苏州、无锡等周边地区警情并调取警情卷宗，发现相关警情158起，涉及被告人罗某明违法犯罪线索70起，其中存在大量有组织采用殴打、跟踪、滋扰、泼粪、堵锁眼、非法侵入住宅等暴力、“软暴力”非法讨债的事实。被告人罗某明及3名骨干成员到案后均拒不交代，并通过事先订立的攻守同盟、设置“顶包人”等方式对抗侦查。为进一步深挖彻查该团伙犯罪事实，新吴区人民检察院提出书面补充侦查意见90余项。经引导公安机关全面取证，依法追加认定聚众斗殴2起、非法拘禁3起、故意伤害1起、寻衅滋事违法行为14起，追加6名涉黑成员。

（二）认真研判准确定性，准确认定以赌为业的黑社会性质组织。检察机关审查认为，被告人罗某明团伙为牟取不法经济利益而有组织地实施开设赌场犯罪活动，形成了“以黑护赌、以赌养黑”的黑社会性质组织。主要理由如下：一是该组织严密且欺压残害群众。该组织事先选定农村地区拆迁户、乡镇企业家等对象，再安排团伙骨干采用诱赌、诈赌等方式，使被害人欠下巨额非法债务，在讨债过程中，又采用暴力、恐吓、滋扰、出场摆势、围堵拦截、堵锁眼、泼粪等暴力、“软暴力”惯常行为手段，实施一系列违法犯罪活动，为非作恶，欺压、残害群众。二是该组织谋取强势地位，在当地造成恶劣影响。该组织为维护组织经济利益，在苏州相城、无锡新吴等农村交界区域，有组织地长期实施违法犯罪活动，为抢夺赌客资源与他人聚众斗殴、打压竞争对手，引发群众报警158起，另有多名群众不敢报案、放弃伤情鉴定或被迫同意调解结案，造成3家乡镇企业停产变卖，影响范围波及江苏省苏州市、无锡市多个街道社区，给被害人及其家庭正常生活带来严重影响，给部分被害企业的正常生产经营带来严重破坏。三是该组织严重破坏基层工作秩序和执法环境。该犯罪组织刻意逃避公安机关的管理、整治和打击，如该组织规定若被公安机关打击后必须由事先安排的“顶包人”扛下罪名，罗某明承诺会照顾其家人，并每年给予10万元补偿等。该组织领导者罗某明拉拢、腐蚀基层派出所民警等负有查禁职责的执法司法人员，寻求非法保护，致使该组织先后3次被立案侦查均无后续处理结果，逃脱惩处长达9年，严重损害基层执法司法机关公信力。综上所述，该组织长期采用暴力、威胁及其他手段大肆实施违法犯罪活动，为非作恶、欺压群众，并聚敛非法财富支持组织发展，结合该组织违法犯罪次数、手段恶劣程度、时间跨度、犯罪对象、对群众工作和生活造成的恶劣影响等危害后果综合判断，符合黑社会性质组织的四个特征，应认定为黑社会性质组织。

（三）加强基层综合治理，助力基层平安建设。一是坚持“打伞破网”并重。检察机关在细致审查卷宗、走访调查、听取各方意见的基础上，强化线索研判，汇总疑似渎职线索9条，司法工作人员渎职线索2条，逐案形成“一线索一报告”“一线索一证据材料”，报江苏省检察院统一研判处置，由异地检察机关、监察机关立案2人。二是完善跨区域协作机制。针对办案中发现的苏州、无锡两地农村交界地带因地理位置隐蔽、边界监管薄弱，容易滋生违法犯罪等情况，开展类案调研、实地走访，查明苏锡交界两地公安机关警情处置不规范、串并研判不及时、警务协作不畅等问题，依法向两地公安机关制发检察建议，推动双方签署联防联治合作协议，出台警情强制检索报告制度，完善两地警情互通、线索互移、协作配合等制度，助力两地建立跨区域联防联治长效机制。三是推动农村基层综合治理。针对农村基层组织在交界区域社会治理中的薄弱环节，检察机关对近年来苏锡两地跨区域犯罪进行专题调研分析，依法向苏州、无锡相关农村基层政府机关分别制发检察建议，组织当地党委负责人、人大代表、网格员、村（居）委工作人员、群众代表等召开座谈会，推动两地开展交界区域专项整治，如针对农村地区赌博多发、村民意识薄弱等特点，开展联合专题普法，完善赌博惩防机制，防止拆迁居民、乡镇企业家成为赌场“杀猪盘”目标，提升农村地区群众安全感。

【典型意义】

（一）注重警情串并研判，引导侦查深挖跨区域地带涉黑犯罪线索。检察机关在办理黑恶犯罪惯常实施的聚众斗殴、开设赌场、寻衅滋事、非法拘禁等违法犯罪案件时，应注重提前介入引导公安机关对涉案人员警情进行跨区域全面检索，排查违法犯罪线索和关联涉案人员。针对涉及多起警情未依法处置等情形反映出的执法司法问题，深挖黑社会性质组织背后的“保护伞”线索，并及时向有关主管机关移送或者依职权查办，共同推进线索核查，确保除恶务尽，铲除黑恶势力的滋生土壤。

（二）依法准确区分普通赌博犯罪集团和黑社会性质组织。普通赌博犯罪集团能否认定为黑社会性质组织，应结合赌博违法犯罪活动的规模、手段、后果、侵害对象的数量、范围、造成的社会影响等因素综合判断。对主观上虽为牟取非法经济利益，但客观上以暴力、威胁、软暴力等手段，大肆实施违法犯罪活动或者腐蚀国家公权力、寻求非法保护、包庇，“以黑护赌”，“以赌养黑”，为非作恶、欺压残害群众，致使一定区域内群众陷入恐惧，企业无法正常生产经营，形成非法控制或者重大影响，严重破坏社会生活、经济秩序的，可以认定为黑社会性质组织犯罪。

（三）以案促治，助力农村地区扫黑除恶源头治理。检察机关在办理黑社会性质组织案件中，应当充分调研分析黑恶势力滋生的原因、规律，深入查找农村黑恶势力背后的基层社会治理漏洞，通过制发检察建议、建立联动工作机制等方式，协同发力，惩防并举、标本兼治，共同破解社会治理难题，促进提高农村基层组织社会治理能力和水平，切实提升人民群众的获得感、幸福感、安全感。

案例二　回某华等人组织、领导、参加黑社会性质组织案

【关键词】

黑社会性质组织　组织犯罪　法律监督　综合治理

【基本案情】

被告人回某华，男，38 岁，务农。曾因犯强制猥亵妇女、故意伤害、敲诈勒索等犯罪，先后三次被判刑入狱。

被告人代某洋，男，38 岁，务农。曾因犯强制猥亵妇女、窝藏等犯罪，先后两次被判刑入狱。

被告人王某，男，37 岁，务农。曾因犯聚众斗殴、故意伤害犯罪被判刑入狱。

其他 16 名涉案人员基本情况略。

被告人回某华刑满释放后，自 2013 年 10 月份起，在河北省沧州市沧县杜林乡一带拉帮结派，纠集同村"发小"被告人代某洋、王某等人通过开设赌场、高利放贷牟取非法利益。后又陆续吸收沧县周边

乡村多名刑满释放人员、社会闲杂人员及未成年人加入，在近五年的时间内，有组织地实施故意伤害、抢劫、聚众斗殴、寻衅滋事、开设赌场等违法犯罪活动，逐渐形成以回某华为组织者、领导者，代某洋、王某为骨干成员，曹某强、张某、曹某贺等5人为积极参加者，杨某、李某、闫某才等11人为一般参加者的黑社会性质组织。

该黑社会性质组织人数较多，层级分明，组织者、领导者明确，骨干成员固定，用约定俗成的惯例和行动规约来管控组织成员。该组织成立后，通过开设赌场、高利放贷、敲诈勒索等违法犯罪活动攫取非法利益300余万元，后通过投资入股、建楼出租、出售股权、收取好处费等方式多渠道聚敛钱财150余万元，积累经济实力；通过给组织成员提供食宿、发放工资、出资平事、给出入狱人员接风洗尘、安抚善后、安排组织成员参与承揽建设工程等手段笼络人心、强化控制，用以维系组织的运行发展壮大。

被告人回某华等人为牟取经济利益，有组织的以暴力、威胁、滋扰等手段，在沧县及沧州市区一带实施开设赌场、催收非法债务、聚众斗殴、寻衅滋事、故意伤害、抢劫、敲诈勒索、非法买卖枪支等34起违法犯罪活动，为非作恶，欺压、残害群众，造成1人重伤，5人轻伤，1人轻微伤；2个家庭的房屋被迫变卖，1名被害人被迫辞去政府工作远走他乡，多名群众或遭受侵害后不敢报警，或迫于该组织的威逼被迫接受调解，多名被害人有家不敢回，在区域内形成重大影响，严重破坏当地经济、社会生活秩序。

本案由沧州市献县公安局侦查终结，向献县人民检察院移送审查起诉。献县人民检察院于2023年10月29日，向献县人民法院提起公诉。2023年11月30日，献县人民法院作出一审判决，以组织、领导黑社会性质组织罪，开设赌场罪，寻衅滋事罪，聚众斗殴罪，抢劫罪等罪名，数罪并罚，判处组织者、领导者回某华有期徒刑十九年零六个月，剥夺政治权利三年，并处没收个人全部财产。其他被告人分别被判处十七年零九个月至七个月不等有期徒刑，并处相应财产刑。一审宣判后，回某华等 4 名被告人提出上诉。2024 年 1 月 26 日，沧州市中级人民法院裁定驳回上诉，维持原判。

【检察机关履职过程】

（一）强化介入侦查引导取证，夯实指控犯罪的证据基础。自该案主要犯罪嫌疑人到案并被采取强制措施后，献县人民检察院即派员提前介入侦查熟悉案情，提出针对性引导取证意见，侦诉合力构建以证据为中心的指控体系。重点围绕黑社会性质组织的四个特征开展提前介入工作：一是确定回某华等人有组织犯罪的人员规模、层级架构、有无组织纪律或约定俗成的帮规规约，明确组织成员的作用、地位，尤其是积极参加者及骨干成员有哪些，搜集并固定骨干成员直接听命组织者，多次指挥或参加有组织违法犯罪以及在组织中起重要作用的证据，以确定该组织的稳定性、严密性程度。二是查明该犯罪组织的经济实力。通过调取银行转账记录、账目明细、询问当事人、查询财产、进行财务审计等方式，查明由回某华犯罪组织获取掌控的经济利益，并查明用以支持组织成员违法犯罪活动以及维系组织生存发展、豢养成员的支出金额，以确定该组织是否具备一定的经济实力并将部分资金用于维护组织稳定、壮大组织势力。三是查明回某华及部分成员实施的犯罪是否为组织利益实施。回某华及组织成员实施的犯罪共计 34 起，涉及抢劫、故意伤害、寻衅滋事、聚众斗殴等严重暴力犯罪，足以体现暴力或以暴力相威胁的黑社会性质组织行为特征。但个别犯罪是否为组织利益实施，关系到组织犯罪的认定，检察机关引导侦查机关在查明犯罪事实的基础上，围绕能否认定组织犯罪收集、补强证据。四是查明该组织是否在一定区域内形成非法控制或重大影响。引导侦查机关从回某华与多名组织成员系同村“发小”的关系、在沧县一带长期盘踞、聚敛钱财数额巨大、犯罪后果严重，且多起案件被基层派出所“消化”处理等多方面综合搜集调取证据，以查明该组织在一定区域内对社会秩序和群众生产生活造成的危害后果。

（二）准确区分个人犯罪和组织犯罪。本案争议焦点之一是组织骨干成员王某、积极参加者张某、曹某贺等人持回某华的双管猎枪抢劫他人棋牌室赌资数万元的行为是否应当认定为黑社会性质组织犯罪。回某华及其辩护律师提出该起犯罪系王某等人个人犯罪而非组织犯罪的辩护意见。检察机关经审查认为，该起事实应认定为组织犯罪。一是王某等4名参与人员均系回某华组织中的重要成员，接受回某华的领导和管理，与其关系密切，且在实施犯罪中使用了曹某贺为回某华保管的枪支。二是尽管回某华事前不明知、未亲自参与抢劫，但被害方被抢劫过程中已明确知道他们是回某华的小弟，事后直接找到回某华交涉，说明这起犯罪的影响直接辐射到回某华本人及其犯罪组织，对扩大组织势力和影响力有一定作用。三是事后回某华出面与棋牌室老板调处此事，避免其手下受到报复或者追究，也未就王某等人私自持枪抢劫赌场一事对4人进行惩罚或惩戒，未在组织成员内部进行教育或明确禁止，表明回某华对该行为有一定的默许或认可。因此将该案认定为组织犯罪起诉，并被判决认定。

（三）加强法律监督，确保打准打深打透。该组织成员众多，部分案件案发时未得到及时处理，存在应当立案而未立案或遗漏犯罪嫌疑人的情形。检察机关充分发挥法律监督职能，引导公安机关补强证据，及时监督以寻衅滋事罪立案，查明案件事实及参与人员的作用。

此外，通过诉前引导，督促公安机关对涉及该组织的多起案件线索深挖细查、串并分析，避免出现漏罪漏犯。全案共计监督立案2件，纠正漏捕3人，纠正漏诉3人，追诉漏罪1件，移送洗钱犯罪线索1件，移送其他犯罪线索5人次，纠正公安机关侦查活动违法4件，提请上级院适用审判监督程序对已生效错误判决抗诉2件。

（四）促进综合治理，完善黑恶犯罪预防体系。检察机关审查发现，该案回某华犯罪组织的19人中，除未成年人之外，有犯罪前科的10人，占比53%，暴露出刑满释放人员再犯罪情况严峻、严重破坏当地的社会生活秩序的突出问题。为进一步做好刑满释放人员安置帮教工作，有效遏制再犯罪的高发态势，献县人民检察院在征得案发地检察机关同意后，向沧县司法局制发检察建议，建议针对刑满释放人员，首先要“一人一档”进行建档分类，做到衔接到位，底数清楚；其次，健全安置帮教工作小组，引导刑满释放人员遵纪守法；另外，联合各单位对刑满释放人员进行定向帮扶，多部门共同发力齐抓共管，有效预防刑满释放人员重新违法犯罪。该建议得到沧县司法局党委的高度重视，对建议内容进行专题研究，并全部采纳建议事项，有效推动完善当地涉黑涉恶犯罪预防体系建设。

【典型意义】

（一）坚持准确认定组织犯罪。正确区分个人犯罪与组织犯罪，关系到黑社会性质组织行为特征的认定，有助于从行为特征和危害性特征两个方面把握黑社会性质组织的构成条件，对黑社会性质组织的认定和组织领导者的罪责认定有至关重要的影响。检察机关在审查起诉中，应当注意发挥诉前引导侦查、补充侦查作用，通过组织召开联席会议、出具引导侦查提纲等方式，督促公安机关围绕组织犯罪进一步夯实证据基础，尤其对并非组织领导者亲自参与或指挥实施的犯罪行为，引导公安机关从犯罪是为组织利益还是个人利益实施、犯罪附带后果是否扩大组织的影响力和势力、是否得到组织领导者事后认可或默许、是否符合组织规约等方面收集完善证据，从而确保个人犯罪与组织犯罪界限清晰，涉案人员罚当其罪。

（二）坚持法律监督贯穿始终。涉黑案件办理过程中，检察机关应当以高质效办案为基本追求，坚持在办案中监督、在监督中办案，一方面加强对刑事立案、侦查活动的监督，全面审查和综合运用证据，梳理多人犯罪中涉案人员的具体行为及作用地位，依法开展立案监督、追捕追诉工作，避免出现“漏网之鱼”。同时通过对侦查活动中违法或不当行为的监督纠正，督促公安机关依法履职，以程序公正促进实体公正，加强人权司法保障，确保诉讼活动顺利进行。另一方面延伸审判监督视野，对已判案件或已执行完毕的生效案件中存在错误问题，应通过提出抗诉、制发再审检察建议、提请上级检察机关适用审判监督程序抗诉等方式监督纠正，确保准确追诉涉黑犯罪。

案例三　黄某华等人恶势力犯罪集团、黄某革等人恶势力犯罪集团案

【关键词】

恶势力犯罪集团　宗族恶势力　集团整体性认定

【基本案情】

被告人黄某华，男，60岁，曾任广西壮族自治区永福县黄氏宗亲

会会长。

被告人黄某革，男，56 岁，曾任广西壮族自治区永福县黄氏宗亲会副会长、会长。

被告人黄某崇（黄某华儿子）、被告人黄某飞（黄某华侄子）等其他 25 名涉案人员基本情况略。

20 世纪 90 年代，被告人黄某华在广西壮族自治区永福县县城开设“药浴店”，暗地组织他人卖淫，网罗社会闲散人员为其效力，逐渐形成恶名。2004 年以来，黄某华纠集人员以暴力、威胁等手段对参与土地竞标的老板、征地拆迁对象等实施寻衅滋事、聚众斗殴及敲诈勒索等违法犯罪行为，逐步形成以黄某华为首要分子，黄某崇、黄某飞等人为重要成员的恶势力犯罪集团。为进一步聚敛钱财、扩大非法影响，黄某华犯罪集团于 2012 年成立永福县黄氏宗亲会并自任会长，各乡镇成立分会，以黄氏宗亲会在永福县盛丰大酒店的办公场所为据点，利用宗族势力为非作恶。

在此期间，永福县三皇乡及周边逐步形成了另一股恶势力。被告人黄某革于 2003 年在三皇乡经营饭店，承揽政府工程。为维护非法利益，自 2006 年起，黄某革网罗多名社会闲散人员实施违法犯罪行为，逐步形成以黄某革为首要分子，黄某思、黄某维等黄氏宗亲人员为重要成员的恶势力犯罪集团。该组织开设赌场、垄断果筐交易，有组织地实施强迫交易、敲诈勒索、寻衅滋事、聚众斗殴、故意伤害、容留吸毒等违法犯罪活动。为开设赌场，该组织先后向两任派出所所长行贿，赌场从未被公安机关查处。

2013 年至 2016 年，黄某华与黄某革两股势力依托永福县黄氏宗亲会平台，进行“恶恶合作”，相互纠集参与违法犯罪活动。其间，黄某华任会长，黄某革任常务副会长，两个犯罪集团煽动黄氏宗亲会中不明真相的人员，假借维护宗亲会人员利益之名多次组织数十人甚至上百人到广福乡、永安乡、百寿镇等乡镇实施寻衅滋事等违法犯罪活动。事后，黄氏宗亲会还通过筹款赔付被害人、安排他人“顶包”等方式进行“善后”。

期间，为聚敛钱财，两股恶势力利用宗亲会的影响力，由黄某华、黄某革与黄某飞合伙出资，非法吸收存款从事高利放贷活动。2016 年，因利益纠纷，两个犯罪集团结算散伙。后黄某华又先后与其儿子黄某崇、外甥兰某辉及秦某飞等人纠集，继续从事非法高利放贷，以暴力、威胁等手段多次实施催收非法债务、敲诈勒索等违法犯罪活动。黄某革则纠集黄某维、黄某思等人，继续实施强迫交易、容留吸毒等违法犯罪行为。

至案发，黄某华犯罪集团有组织地实施了聚众斗殴 1 起、寻衅滋事 4 起、催收非法债务 5 起、敲诈勒索 3 起、违法事实 5 起等违法犯罪事实；黄某革犯罪集团有组织地实施了催收非法债务 1 起、寻衅滋事 2 起、聚众斗殴 1 起、开设赌场 1 起、强迫交易 3 起、故意伤害 1 起、容留吸毒 1 起、违法事实 5 起等违法犯罪事实，造成 1 人重伤、1 人轻伤，强迫交易金额约 352 万元。其中，黄某华、黄某革犯罪集团共同组织实施了寻衅滋事、催收非法债务等违法犯罪事实 6 起。

本案由永福县公安局侦查终结，经指定管辖，向阳朔县人民检察院移送审查起诉。阳朔县人民检察院于 2021 年 5 月 13 日分别以被告人黄某华等人犯聚众斗殴罪、寻衅滋事罪、催收非法债务罪、敲诈勒索罪、组织卖淫罪，构成恶势力犯罪集团；以被告人黄某革等人犯寻衅滋事罪、催收非法债务罪、开设赌场罪、强迫交易罪、容留他人吸毒罪、聚众斗殴罪、故意伤害罪，构成恶势力犯罪集团，向阳朔县人民法院提起公诉。2021 年 10 月 29 日，阳朔县人民法院作出一审判决，认定黄某华等人构成恶势力犯罪集团，以聚众斗殴罪、寻衅滋事等犯罪，数罪并罚，判处黄某华有期徒刑十九年六个月，并处罚金人民币三百六十一万元，对其余被告人分别判处四年六个月至一年五个月不等有期徒刑，并处相应的财产刑；认定黄某革等人构成恶势力犯罪集团，以犯寻衅滋事罪等犯罪，数罪并罚，判处黄某革有期徒刑十九年，并处罚金人民币一百四十六万元，对其余被告人分别判处十九年至十个月不等有期徒刑，并处相应的财产刑。宣判后，被告人黄某华、黄某革等人提出上诉。二审桂林市中级人民法院裁定驳回上诉，维持原判。

【检察机关履职过程】

（一）依法认定宗族恶势力犯罪集团。本案争议焦点之一是黄某华、黄某革各自组织的犯罪团伙是否都能认定为恶势力犯罪集团。经审查，一是组织特征方面，两个犯罪团伙均有三名以上的组织成员，利用血缘、宗族、地缘等关系纠集在一起，人数较多，为共同实施犯罪而组成较为固定的犯罪组织，且分别以黄某华、黄某革为首要分子，重要成员以黄氏宗亲人员为主且较为固定。二是行为特征方面，两个犯罪组织长期纠集黄氏宗亲等成员以暴力、威胁等手段多次实施寻衅滋事、聚众斗殴、开设赌场、强迫交易等恶势力惯常实施的犯罪活动。为树立非法权威、扩大非法影响，多次打着黄氏宗亲会的旗号，聚众随意殴打他人、拦截上访群众、威胁村民，并从事非法高利放贷、催收非法债务、敲诈勒索等违法犯罪活动，以牟取非法利益。三是危害性特征方面，两个犯罪组织依托黄氏宗亲会合力实施违法犯罪活动，插手民间纠纷，合伙高利放贷并采取暴力、威胁及“软暴力”手段催债，为非作恶、欺压百姓，扰乱经济秩序、社会生活秩序。综上，检察机关认为，两个犯罪组织成员较多，有明显的首要分子，重要成员固定，为牟取非法利益，长期、经常纠集在一起多次实施违法犯罪活动，造成较为恶劣的社会影响，但由于黄某华犯罪组织对成员的控制性、约束性较弱，犯罪组织不够稳定；黄某革犯罪组织成员对组织的人身、财产依附性不强且暴力性不够明显，两个组织的社会危害尚未达到非法控制或者重大影响的程度，故两个组织尚未达到黑社会性质组织的认定标准，应当依法认定为恶势力犯罪集团。

（二）准确甄别“恶恶合作”组织形式。本案中，黄某华、黄某革两个团伙是属于一个恶势力犯罪集团还是属于两个相互独立恶势力犯罪集团是一个重要的争议焦点。经审查，黄某华、黄某革两个犯罪组织在2013年至2016年以永福县黄氏宗亲会名义插手民间纠纷，共同组织实施了寻衅滋事等违法犯罪事实4起；共同成立地下放贷公司，共同组织实施了催收非法债务等违法犯罪事实2起。经审查，检察机关认为黄某华、黄某革在合作期间不具有整体的组织性，未形成统一的组织意志，认定为两个独立的犯罪组织更为妥当。一是不具有整体的组织性。黄某华和黄某革分别对各自的组织成员进行控制和管理，两伙人相互交叉但互不隶属，黄某革及其手下无需接受黄某华领导。如黄某华向徐某骞催收非法债务过程中，黄某华让黄某革安排人员有偿看守徐某骞，黄某革指使他人对徐某骞贴身跟随，后黄某革打电话向黄某华催要报酬；后期黄某革安排看守的人员与徐某骞熟络后，为了控制徐某骞，不惜与黄某华安排的人员发生冲突，自行将徐某骞带离，说明两股人员非一个团伙。二是未形成统一的组织意志和利益。黄某华、黄某革共同利用黄氏宗亲会实施的行为是基于各自组织利益，即为了扩大各自非法影响以此获得更多的非法利益。如在合伙经营地下放贷公司过程中，名义上黄某华主导，由黄某华提出合伙建议，租用黄某华经营的酒店作为办公场地，放贷公司的财务、会计均由黄某华控制，使用的账户是由黄某华家人提供，但黄某华、黄某革、黄某飞三人对各自吸收的存款和放出的贷款及非法收益负责，后三人因账目不清、分赃不均等原因散伙。

【典型意义】

（一）依法惩治农村宗族黑恶势力，维护农村地区社会政治稳定。对网罗刑满释放人员、社会闲散人员，经常纠集在一起，依托宗族势力，多次实施寻衅滋事、聚众斗殴、非法催债等违法犯罪行为，横行乡里、欺压百姓，扰乱危害农村经济社会秩序，尚未达到在一定区域或行业内形成非法控制或者造成重大影响的，符合条件的可以认定为恶势力犯罪集团，依法予以惩治。

（二）准确认定犯罪组织之间的关系。不同恶势力犯罪组织在一段时间或某个领域可能存在“恶恶合作”，是否作为一个犯罪组织评价，关键在于该合作是否具有整体的组织性。若能体现新组织的组织意志和利益，对社会危害具有持续性，则可认定为恶势力犯罪组织之间的合并，否则应评价为相互独立的犯罪组织。

案例四　王某桓等人组织、领导、参加黑社会性质组织案

【关键词】

黑社会性质组织　行业非法控制　强迫交易　综合治理

【基本案情】

被告人王某桓，男，38 岁，四川中鸿利再生资源科技有限公司（以下简称中鸿利公司）股东。曾因寻衅滋事被劳教三年。

被告人王甲，男，44 岁，中鸿利公司股东。有诈骗罪前科。

被告人徐某，男，45 岁，中鸿利公司股东。

其他 13 名涉案人员基本情况略。

2014 年开始，被告人王某桓先后结识彭某峰、赵某等社会闲散人员或刑满释放人员，先后涉足赌场、KTV、宾馆等行业，逐步增强经济实力，形成一定社会恶名。期间，王某桓以其经营的“首座 KTV”为据点，经常纠集上述人员，通过提供毒品（K 粉）吸食、免费吃喝玩乐等手段笼络人心，初步形成以王某桓为首的违法犯罪团伙。2015 年 12 月，王某桓纠集彭某峰等 6 名人员，当街持刀围砍被害人徐某军，在四川省泸州市合江县城区树立非法权威。后通过实施一系列违法犯罪活动，逐渐形成以王某桓为组织者、领导者，下有骨干成员 2 人、积极参加者 3 人、一般参加者 10 人的较为稳定的黑社会性质组织。该组织形成了组织成员必须服从安排指挥，无条件为组织站台、扎场；为了组织利益要敢打敢拼，出现后果由组织出面摆平、安抚善后；可以吸食 K 粉，但不得吸食麻古丸和冰毒等纪律规约。

该组织内部分工明确，充分体现“以黑护商”“以商养黑”的特征。王某桓根据各组织成员性格特点，组建“纠察组”、赌场、废纸回收三个小组，各组相互支持，互为倚靠。一是安排凶狠好斗的彭某峰等人组建“纠察组”，负责巡查组织经营的各“生意”网点，通过斗殴、伤害等暴力手段，以及滋扰、威胁等“软暴力”手段，维护组织利益，快速累积组织恶名。二是安排熟悉赌场业务的王乙（另案处理）负责经营赌场，先后在合江县城区、先市镇等地开设赌场 8 处，牟取非法利益 160 万余元。三是接纳前来投靠的王甲、徐某，成立以废纸回收为经营业务的中鸿利公司，利用组织恶名，通过违法犯罪活动逐步垄断合江县城区废纸回收行业。经审计，该组织涉及废纸回收行业强迫交易金额为 672 万余元，非法获利 169 万余元。该组织先后实施了故意伤害、聚众斗殴、寻衅滋事、开设赌场、强迫交易、容留他人吸毒等 20 余起违法犯罪，造成 2 人重伤、2 人轻伤、2 人轻微伤等严重后果，攫取非法利益 330 余万元。该组织通过实施上述违法犯罪活动，称霸一方，在合江县城区及周边已经形成非法控制并造成重大影响，严重破坏当地经济、社会生活秩序。

本案由泸州市合江县公安局侦查终结，向合江县人民检察院移送审查起诉。合江县人民检察院于 2021 年 9 月 24 日向合江县人民法院提起公诉。2022 年 9 月 26 日，合江县人民法院作出一审判决，以组织、领导、参加黑社会性质组织罪，聚众斗殴罪，故意伤害罪，开设赌场罪，强迫交易罪等罪名，数罪并罚，判处组织者、领导者王某桓和 2 名骨干成员二十五年至十年不等有期徒刑，剥夺政治权利，并处没收个人全部财产；其他积极参加者、一般参加者分别被判处十年至一年六个月不等有期徒刑，并处相应财产刑。判决后王某桓等人提出上诉，2023 年 4 月 18 日，泸州市中级人民法院裁定驳回上诉，维持原判。

【检察机关履职过程】

王某桓犯罪组织活动领域涉及赌场、娱乐场所和废纸回收行业等，实施的犯罪涵盖故意伤害、聚众斗殴、寻衅滋事、开设赌场、强迫交易、容留他人吸毒 6 类罪名 20 多起事实，通过故意伤害、聚众斗殴、开设赌场等犯罪在当地形成重大影响，同时对当地废纸回收行业形成了非法控制，其中，该犯罪组织对废纸回收行业的垄断成为本案论证的重点。

（一）依法准确认定本案的危害性特征。根据2018年“两高两部”《关于办理黑恶势力犯罪案件若干问题的指导意见》，对行业的生产、经营形成垄断或对一定行业的准入、经营、竞争等经济活动形成重要影响的，可认定为“在一定区域或者行业内，形成非法控制或者重大影响，严重破坏经济、社会生活秩序”。检察机关审查认为，2017年6月至2018年7月期间，该组织通过三种手段“非法控制”合江县城区废纸回收行业：一是指定交易渠道。该组织依靠王某桓等人在合江城区的势力和恶名，强制废纸回收从业者按照其指定的渠道进行流通和交易。散户或拾荒者只能向合江县城区的38家回收站售卖废纸；回收站的废纸只能向合江县城区内3家打包厂（负责运用机器将废纸进行打包压缩，符合收购标准）出售；打包厂只能通过中鸿利公司将废纸出售给四川某纸业公司。最初3家打包厂老板不同意，经王某桓等人反复上门纠缠，后相互打听得知王某桓是当地的“社会大哥”，只能无奈答应。二是强制决定交易价格。该组织对合江县城区的废纸回收站、打包厂逐家上门“打招呼”，要求回收店、打包厂压低收购价，按其定价统一经营。迫使回收站只能以0.4元/斤的价格向散户、拾荒者收购废纸，然后以0.5元/斤的价格向打包厂出售，而合江县周边地区同期废纸收购市场价在0.7元/斤至1.5元/斤区间波动。打包厂以中鸿利公司名义将废纸出售给四川某纸业公司，中鸿利公司收到货款后，仅支付打包厂垫付的本金和200元/吨固定利润，而更多的利润均被中鸿利公司获取。三是违法控制交易秩序和地域范围。由“纠察组”专门负责对合江县城区各废纸回收站、打包厂开展日常巡查、控制。凡是有外地车辆到合江县城区收购废纸或有本地商户将废纸运往外地销售的，及时向王某桓报告。王某桓安排组织成员采取殴打、言语威胁、逼停车辆等方式予以排挤，共计查实实施7起寻衅滋事违法犯罪行为。经审计，王某桓等人非法控制当地废纸回收行业期间，获取利润差价达169万余元。该组织通过上述违法犯罪手段，对废纸回收行业形成非法控制，榨取了原本属于拾荒者、散户、回收站等社会弱势群体的微薄收益，严重挤压相关群体生存空间、正常生活来源，严重损害行业经营环境，严重破坏当地经济、社会生活秩序，符合认定黑社会性质组织的危害性特征。

（二）严格审查，准确认定强迫交易罪。一是该组织实施的“软暴力”属于强迫交易罪中的“威胁”手段。2017年6月至2018年7月期间，王某桓等人采用“反复上门纠缠”“滋扰施压”等手段，不断对合江县城区的三家打包厂、回收站施压，且“软暴力”有随时向“硬暴力”转变的可能，长期滋扰、上门纠缠的方式使整个合江县城区废纸回收从业人员均感受到巨大的精神压力和心理强制，被迫同意该组织确定的废纸收购价，因此应当认定王某桓等采用了“威胁”的手段。二是本案属于“强买强卖商品”的情形。本案涉及的废纸是商品，王某桓组织通过前述方式，致使废纸回收行业被迫按照该组织定价收购、出售商品，通过控制废纸流通各环节的价格，从中攫取巨额经济利益。通过调取纸业公司、各打包厂与组织成员徐某的银行卡交易记录、微信转款记录，结合司法审计报告，认定四川某纸业公司与该组织的交易金额应为强迫交易数额，共计672万余元；强迫交易数额高出该组织和打包厂的正常交易金额的差价应认定为非法获利数额，共计169万余元。三是本案属于强迫交易罪“情节特别严重”的情形。合江县人民检察院审查认为，是否认定“情节特别严重”应当重点结合强迫交易次数、交易金额、违法所得数额、行为手段、持续时间，综合判断对市场流通秩序的破坏程度，按照罪责刑相适应原则准确评价。本案中，该组织在一年多的时间内，非法控制合江县城区废纸回收市场，涉及几十家经营户，强迫交易数额达672万余元，超过“情节严重”立案标准600倍；违法所得数额达169万余元，超过“情节严重”标准800倍，严重破坏废纸回收行业的正常经营秩序，社会影响恶劣。综上，王某桓等人的行为构成强迫交易罪，且属“情节特别严重”。

（三）依法履职制发检察建议，推动“以案促改”长效常治。合江县人民检察院针对案件中暴露出主管部门对废纸回收行业存在执法监管不到位、价格监督存在漏洞、查处不正当竞争不及时等问题，向县市场监督管理局制发检察建议。后，主管部门制发实施《合江县市场流通领域乱象整治方案》。一是严把准入关口，加大执法检查，建立从“散户—回收站—打包厂—纸业公司”全链条价格监督检查机制。二是畅通举报渠道，在市场、重点区域设立投诉举报箱，宣传12315投诉举报热线，收集“涉黑涉恶”线索。三是实质运行“行刑衔接”机制，健全与公安、检察等机关的信息通报机制，保持高压态势，形成协同共治格局。四是构建扫黑除恶立体宣传网络，通过与“铁拳行动”相结合宣传。检察机关还邀请人大代表、政协委员、人民监督员采取座谈交流、实地走访等方式跟踪问效，目前合江县废纸回收行业全面整改，恢复正常生产、经营秩序。

【典型意义】

（一）依法认定罪责，确保“打准打实”。对涉市场流通领域中的黑恶犯罪，检察机关要注重引导侦查机关收集、固定黑恶犯罪对行业所造成危害的相关证据，以充分证明黑恶犯罪对行业的控制程度，对从业人员合法权益的侵害程度，对市场经济秩序的破坏程度，准确认定“非法控制”。同时，在现行法律对强迫交易“情节特别严重”未作明确规定的前提下，检察机关要重点结合强迫交易次数、交易金额、违法所得数额、行为手段、持续时间、行业影响等要素进行审查，综合判断对市场秩序的破坏程度，按照罪责刑相适应原则准确评价。

（二）协同发力综合治理，在监督办案中做实检护民生。废纸回收行业吸纳了大量低收入、弱劳动力的“拾荒者”，黑恶势力的非法控制严重破坏行业秩序，严重损害从业者利益和积极性。检察机关要始终聚焦人民群众“急难愁盼”，在打击犯罪的同时以案促治，找准社会治理漏洞与监管薄弱环节，向行业主管部门制发堵漏建制检察建议，协同履职推进综合治理，促进行业恢复生产、经营秩序，提振经济发展信心，做实让人民群众可感受、可体验、得实惠的检察为民。

案例五　魏某参加黑社会性质组织案

【关键词】

黑社会性质组织犯罪　骨干成员　违法所得追缴　高度可能证明标准　证明标准溯及力

【基本案情】

被告人魏某，男，64岁，江西省九江市某机关原副处级干部。

20世纪90年代末至2020年，以严某华（另案处理）为组织、领导者的黑社会性质组织，其固定的骨干成员有魏某等10余人，积极参加者20余人，一般参加者70余人，层级清楚、分工明确、有帮规戒约。该黑社会性质组织以经济利益为纽带，对外以“大盘子公司”等多家公司名义从事经营活动，以暴力手段非法垄断了当地采砂及装运、过驳业务（砂石装卸），并逐步将势力延伸至当地的建筑、房地产、采矿、典当等行业，严重破坏了当地的经济、社会生活秩序。其间，该组织实施了非法采矿、强迫交易、敲诈勒索、非法拘禁等违法犯罪活动，至2020年案发时，该黑社会性质组织非法获利人民币近百亿元。

2002年，时任九江市某机关干部的魏某主动加入该黑社会性质组织，并直接听命于严某华，积极参加了组织发展方向等重要事项的决策，监督管理重要经营行为和经济来源。2002年3月，魏某参加了该组织在湖北省黄梅县召开的会议。会议决定整合该组织的过驳业务，确立了包括魏某在内的骨干成员过驳业务的股份分配比例，明确了魏某对该组织过驳业务的财务进行管理。之后，魏某和该组织其他骨干成员通过该组织控制的经济实体对过驳业务进行经营管理，为该组织攫取了巨额财富。魏某还参与该组织聚敛财富的管理和支配，用于维系该组织内外部联系、发展壮大以及实施违法犯罪活动。

魏某参加该黑社会性质组织期间，利用其国家工作人员身份，代表该组织拉拢、腐蚀其他国家工作人员，进行利益输送，为该组织充当"保护伞"；多次出面为该组织成员"说情抹案"，帮助逃避法律制裁。2002年4月，该组织的组织者、领导者严某华因开设赌场、暴力控制采砂业务等犯罪行为，被九江市公安局浔阳区分局逮捕羁押。魏某向时任九江市公安局局长叶某兵（另案处理）积极请托，后叶某兵直接指示对严某华变更强制措施为取保候审，最终该案未移送审查起诉。2004年1月，该黑社会性质组织成员受该组织安排，当街持刀砍伤与该组织有纠纷的企业家，经魏某再次请托叶某兵，公安机关未对幕后指使者严某华等人进行追究，使其逃避了打击。2004年上半年，魏某向时任九江市公安局水上分局局长鲍某信（另案处理）请托，让其对该组织的非法采砂、非法过驳业务予以关照，并放纵、包庇该组织非法成立的“地下执法队”，致使该组织的相关违法犯罪行为一直未被查处。2007 年 8 月，该组织两名成员因涉嫌非法拘禁罪被九江市公安局水上分局刑事拘留，魏某向叶某兵、鲍某信请托，致使该两名组织成员被取保候审，案件未移送审查起诉。2009 年 3 月，该组织一成员因涉嫌赌博罪被立案并网上追逃，魏某向叶某兵请托，致使网上追逃被撤销。

魏某还直接参与了该黑社会性质组织实施的违法活动。2007 年，魏某等人代表该组织在竞拍一房地产项目地块时，指使该组织成员采取砸车等方式威胁其他参加竞拍人员，强迫其退出竞拍。魏某自 2002 年参加该黑社会性质组织后，个人攫取了巨额非法利益。魏某通过其在该组织占有的过驳业务 10% 股份，分红非法获利人民币 6000 余万元。同时，魏某还通过该黑社会性质组织违法犯罪手段，投资房地产开发项目获取房产 12 套，投资公司经营非法获利 1000 余万元。该案侦查期间，侦查机关查封、扣押了魏某实际持有的房产 12 套，魏某儿子名下房产 7 套，特定关系人、特定关系人女儿名下房产共 6 套，以及其前妻名下的房产 1 套，现金及存款人民币 1300 余万元，另冻结、扣押其持有的相关公司股份等财产及财产性权益。魏某归案后，如实供述了自己的罪行，并自愿认罪认罚。在侦办叶某兵等系列重大“保护伞”的过程中，魏某积极配合，有立功表现。

本案由南昌市公安局侦查终结，经指定管辖，由西湖区人民检察院移送审查起诉。2022 年 1 月 11 日，西湖区人民检察院向西湖区人民法院提起公诉。2022 年 9 月 5 日，西湖区人民法院作出一审判决，以被告人魏某犯参加黑社会性质组织罪，判处有期徒刑四年四个月，并处没收个人全部财产。对被告人魏某的违法所得人民币六千万元及其孳息、收益予以没收，未查扣的依法继续追缴或者没收其等值财产。

【检察机关履职过程】

（一）准确认定黑社会性质组织成员地位、作用。在审查起诉和法院庭审期间，辩护人认为魏某系该黑社会性质组织积极参加者，而非骨干成员。其主要理由是魏某在黑社会性质组织中没有管理任何人员，也不隶属任何人员；没有参与组织实施暴力犯罪活动；未实际管理采砂、过驳等重要行业；未在组织中起重要作用。江西省南昌市西湖区人民检察院运用证据证明魏某不仅是该黑社会性质组织积极参加者，而且是积极参加者中层级高、长时间在组织中起重要作用的人员，应认定为该组织的骨干成员：一是魏某加入该黑社会性质组织早，层级高，直接听命于该组织的组织者、领导者严某华。2001年底以严某华为首的黑社会性质组织初步形成，魏某在2002年初便加入该组织，并且获得该组织采砂业务股份，在该组织内部魏某直接听命于严某华。该组织多名成员一致指认上述事实，与魏某供述相互印证，足以认定。二是魏某深度参与黑社会性质组织的决策、管理。魏某加入该组织后，积极参与涉及该组织重要事项决策的所谓"小池会议"等犯罪策划活动，监督管理过驳业务的财务收支等重要事项，助长了组织的发展壮大和成员稳定，在组织中起重要作用。三是魏某在黑社会性质组织中的作用突出。魏某接受该组织的安排，利用公职人员的身份及在当地的影响力，拉拢、腐蚀国家干部，排挤竞争对手，攫取非法经济利益，长期为组织成员的违法犯罪行为"说情抹案"，协调关系，帮助严某华及其他组织成员在实施违法犯罪行为后逃避法律制裁。该黑社会性质组织在当地得以逐步确立强势地位、形成非法控制，且长时间未受到相关职能部门打击、查处，魏某起了至关重要的作用。综上认为，魏某属于长时间在犯罪组织中起重要作用的犯罪分子，是该黑社会性质组织的骨干成员。

（二）准确甄别黑社会性质组织涉案财产范围。对于查封的涉案财产，辩护人提出，魏某儿子、特定关系人名下的14套房产、现金与存款等财产无法准确认定其来源于魏某的违法犯罪活动。针对这部分财产，检察机关一是依法进行涉案财产甄别，对他人合法财产依法发还权利人。在查封的房产中，有2套属于魏某特定关系人（另案处理）的个人房产，有1套属于魏某前妻的房产。经查，其特定关系人从2010年之后与魏某共同生活，其在2010年以前购买的2套房产与魏某的违法犯罪活动无关，属于特定关系人的个人合法财产，江西省南昌市西湖区人民检察院在侦查阶段，建议公安机关予以解封、发还。魏某与其前妻于1991年离婚，且其前妻名下的房产是她2003年独自购得的房改房，与魏某的违法犯罪活动无关，在该案起诉后，江西省南昌市西湖区人民检察院建议依法发还权利人，获得法院支持。二是揭开第三人代持的“面纱”，确定魏某实际所有的财产。除上述房产外，侦查机关还查封了涉案房产11套：其中7套在魏某儿子名下、3套在特定关系人名下、1套在特定关系人女儿名下，此外还冻结了其特定关系人专用账户存款人民币810余万元，从其特定关系人处扣押现金人民币490余万元。检察机关经审查，上述财产均系代魏某持有的财产：首先，在案相关银行流水，魏某供述、特定关系人等证言均证实，2010年魏某与特定关系人共同生活后，将其财产陆续交给特定关系人打理，对外的放贷、投资，以其儿子、特定关系人、特定关系人女儿名义购买的房产，以特定关系人名义在银行的定期存款，均来源于魏某的资金及利用这些资金进行投资、经营所得。其次，其儿子、特定关系人的正常收入不足以支持他们名下的财产数额。其儿子无固定收入来源，特定关系人 2000 年下岗后，在公司从事财务工作，主要合法收入来源于工资，均无足够收入购置上述财物。综合在案证据，认定上述事实清楚，相关证据确实、充分，足以排除合理怀疑。三是适用高度可能证明标准，依法认定黑社会性质组织骨干成员的违法所得及孳息、收益。检察机关审查认为，魏某实施黑社会性质组织犯罪的定罪量刑事实已经查清，有证据证明其在犯罪期间通过其儿子等人代持的房产、存款及现金高度可能属于黑社会性质组织犯罪的违法所得及其孳息、收益。首先，魏某实际所有的财产数额，远超其合法收入。魏某的个人身份材料及有关部门出具的证明证实，魏某在履行公职期间及 2007 年退休后，其合法收入主要来源于工资所得，魏某亦未提出其他合法收入来源。魏某实际所有的上述 11 套房产、人民币 1300 余万元存款及现金远超过个人合法收入。其次，有证据证明魏某参加黑社会性质组织期间获得了大量经济利益。司法审计报告、银行流水、查扣的部分分红账单，魏某及同案人供述，相关证人证言等证据证实，魏某参加黑社会性质组织后，通过黑社会性质组织攫取了大量的经济利益。最后，在案证据证明魏某涉黑非法所得与通过其特定关系人等人代持的财产存在高度关联。侦查期间，检察机关建议公安机关对魏某的每一项财产核查其来源、权属，但由于该案犯罪行为发生时间较早，犯罪组织多采用现金分红、按月销毁分红账目等手段，有预谋的掩盖犯罪所得。且魏某与其特定关系人采用多人账户倒账，频繁注销、开立银行账户，大额现金存款、取款，现金购房等方式故意掩盖其持有资金的来源与去向，造成其特定关系人等人代持魏某的房产、存款、现金，无法准确认定来源于具体哪一起违法犯罪活动。但魏某不能说明这些财产的合法来源，且魏某从黑社会性质组织获取的大量违法犯罪所得均交由其特定关系人打理，因此，可以认定其特定关系人等人代持的财产高度可能来源于魏某通过黑社会性质组织获取的违法犯罪所得。

（三）依法提出涉黑财产处置建议。该案起诉后，江西省南昌市西湖区人民检察院向西湖区人民法院提出魏某通过特定关系人等人的名义实际持有的房产、现金与存款高度可能来源于魏某通过黑社会性质组织获取的违法犯罪所得，根据《中华人民共和国反有组织犯罪法》的规定，对上述财产无需甄别具体来源，建议予以直接追缴、没收。2022 年 9 月 5 日，南昌市西湖区人民法院采纳检察机关提出的指控意见、量刑建议和财产处置意见，以魏某构成参加黑社会性质组织罪，判处有期徒刑四年四个月，并处没收个人全部财产，对特定关系人等代持的 11 套房产、现金与存款及其他违法犯罪所得依法追缴、没收。一审宣判后，魏某服判未上诉，判决生效。魏某涉嫌行贿公职人员等其他违法犯罪行为，另行处理。

【典型意义】

（一）办理黑社会性质组织犯罪案件，应当对查封、扣押、冻结的财产进行权属甄别，依法处置。黑社会性质组织犯罪涉案财产具有来源多元化、资产形态多样化、所涉法律关系复杂化的特征，因此，在办理黑社会性质组织犯罪案件时，要严格区分涉案财产中合法收入与违法犯罪所得、经济纠纷与涉黑犯罪、个人财产与共有财产等界限。对由特定关系人等第三人持有的涉案财物，检察机关应进行仔细甄别，属于第三人合法财产的，应及时发还权利人；与第三人共同持有财产的，要依法认定和维护权利人合法的共有权益；属于组织成员将违法犯罪所得转移给他人代持的，应收集证据查明他人代持的事实，准确认定财产权属。在查清涉案财产范围的基础上，对黑社会性质组织及其成员隐匿、“漂白”其通过黑社会性质组织犯罪活动聚敛的违法所得，应当依法提出追缴、没收等处置建议。

（二）准确把握、规范适用高度可能证明标准。《中华人民共和国反有组织犯罪法》第四十五条第三款中规定了涉黑财产属性认定的高度可能证明标准，明确“被告人实施黑社会性质组织犯罪的定罪量刑事实已经查清，有证据证明其在犯罪期间获得的财产高度可能属于黑社会性质组织犯罪的违法所得及其孳息、收益，被告人不能说明合法来源的，应当依法予以追缴、没收”。规范适用该证明标准，需要从以下几方面把握：第一，适用的前提是因客观原因无法确切认定黑社会性质组织案件涉案财产来源、去向，涉案财产与黑社会性质组织违法所得之间无法形成准确的对应关系。第二，适用对象仅限黑社会性质组织犯罪的被告人，对恶势力组织犯罪的被告人及普通犯罪的被告人不能适用。第三，有证据证明被告人实施了黑社会性质组织犯罪活动，并获取了相应的违法所得，涉案财产与黑社会性质组织犯罪活动有关联。第四，被告人的合法收入不足以形成涉案财产，并且黑社会性质组织成员无法对涉案财产的合法来源提出合理辩解，或者提出的辩解经核实不能成立。对于符合上述条件的，应认定涉案财产与涉黑犯罪违法所得存在高度关联，应当依法予以追缴、没收。需要说明的是，在办理黑社会性质组织案件中，应当尽可能查清涉案财产的来源，只有因客观原因无法获得准确认定财产来源、去向的证据时，才可适用该证明标准；同时，应注意审查客观证据证实的行为人参加黑社会性质组织期间获得的经济利益，与拟追缴、没收的违法所得在数额上是否具有一致性，避免出现拟追缴、没收财产和所获经济利益不对等的情形。

（三）《中华人民共和国反有组织犯罪法》第四十五条第三款适用于该法施行以前黑社会性质组织案件违法所得及其孳息、收益的认定。我国刑法第十二条明确了刑法适用的溯及力问题，即“从旧兼从轻”的原则。需要注意的是，该原则主要是关于实体上的罪名和刑罚适用规则。从性质上，《中华人民共和国反有组织犯罪法》第四十五条第三款主要涉及的是关于涉案财产的判定和处置的证明标准问题，系刑法第六十四条规定的“犯罪分子违法所得的一切财物，应当予以追缴或者责令退赔”在诉讼程序上的适用、证明标准具体化。因此，《中华人民共和国反有组织犯罪法》第四十五条第三款可以适用于该法生效时间（2022 年 5 月 1 日）之前黑社会性质组织案件的办理。

聚焦依法惩治人民群众反映强烈、深恶痛绝的黑恶势力犯罪　推动扫黑除恶斗争走深走实

——最高检扫黑办负责人就检察机关发布常态化开展扫黑除恶斗争典型案例答记者问

为深入贯彻党的二十大、二十届三中全会精神，全面贯彻习近平法治思想，坚决扛起政治责任，确保党中央决策部署不折不扣落实到位，推动各级检察机关坚持以人民为中心，顺应人民群众呼声，把打击锋芒始终对准人民群众反映最强烈、最深恶痛绝的各类黑恶势力违法犯罪，充分展示党中央有黑必扫、除恶务尽的决心，不断推进常态化扫黑除恶斗争法治化、规范化、专业化，最高人民检察院近日印发5件检察机关常态化开展扫黑除恶斗争典型案例。最高检扫黑办负责人就相关问题回答了记者的提问。

问：最高检编发本批常态化开展扫黑除恶斗争典型案例，主要考虑是什么？

答：最高检编发本批典型案例是贯彻落实党中央关于常态化开展扫黑除恶斗争决策部署的具体举措。党中央高度重视常态化扫黑除恶工作，党的二十大、二十届三中全会都对常态化扫黑除恶斗争作了专门部署。党的二十大报告提出，要强化社会治安整体防控，推进扫黑除恶常态化，依法严惩群众反映强烈的各类违法犯罪活动。党的二十届三中全会提出，要完善社会治安整体防控体系，健全扫黑除恶常态化机制。最高检认真贯彻落实党中央决策部署，应勇检察长指出，要

纵深推进常态化扫黑除恶斗争，切实做到“是黑恶一个不漏、不是黑恶一个不凑”。注重发挥典型案例的指导作用和警示教育、法治宣传作用，是最高检常态化开展扫黑除恶斗争，加强业务指导的重要工作机制。2024 年以来，我们广泛征集了常态化以来办理的扫黑除恶案件，从中选取了在事实认定、法律适用、案件处理和综合治理等方面有典型性、指导性的案件，提炼法律要旨和经验做法，用以指导类案办理和日常工作。

问：本批典型案例主要涉及哪些主题和内容？

答：本批案例涵盖的主题和内容较多，重点有以下几个方面：一是突出依法严惩农村黑恶犯罪，尤其是宗族黑恶势力。把持基层政权、操纵破坏基层选举、垄断农村资源、侵吞集体资产的黑恶势力以及利用家族、宗族势力横行乡里、称霸一方、欺压残害百姓的“村霸”等黑恶势力，严重影响人民群众安全感，严重破坏农村经济社会秩序，严重损害党的执政根基，历来是扫黑除恶斗争的重中之重。本批案例选编黄某华等人涉恶案就是这方面的典型。二是突出惩治常见高发领域黑恶犯罪。本批案例涉及常见高发的涉开设赌场、高利放贷、涉市场流通等领域黑恶犯罪案例，以凸显对这些领域黑恶犯罪的常态化高压严打态势。三是突出解决新型疑难法律问题。2021 年出台的《中华人民共和国反有组织犯罪法》在涉黑财产处置方面，规定了“高度可能证明标准”。如何理解和运用这一标准成为实践面临的新型疑难问题，亟待加强指导。本批案例中的魏某参加黑社会性质组织案为解决这类案件提供了样板。

问：宗族黑恶势力案件有哪些特点？在办理该类案件中有什么注意事项？

答：我国有悠久的“家文化”和“宗族文化”传统，该传统客观上发挥着稳定社会秩序的作用。随着经济社会发展进步，建立在农耕文化基础上的“宗族文化”传统逐步消解，但是在强大的历史惯性下，传统家族、宗族文化中一些的狭隘观念、陋习糟粕沉渣泛起。一些违法犯罪分子，不能正确处理家族宗族观念与现代公民角色的关系，利用、借助家族宗族势力实施有组织的违法犯罪，攫取非法利益，破坏了现代政府管理和社会治理秩序，应当依法予以惩治。

该类案件有自身的特点，办理此类案件过程中有以下注意内容：一是严格按照构成要件认定涉家族宗族黑恶势力犯罪。家族宗族黑恶势力，主要是以血缘、宗族关系为纽带，组织成员之间的关系有着天然的层级性、紧密性、稳定性和利益的共同性。办理此类案件，要紧紧围绕黑恶犯罪构成要件，尤其是黑社会性质组织犯罪四个特征，综合分析家族宗族成员的管理方式、实施的违法犯罪活动、攫取的非法经济利益、造成的社会影响等方面，认定是否属于黑恶犯罪组织，做到“不漏不凑”。二是准确落实宽严相济刑事政策。办理宗族黑恶势力犯罪，对组织者、领导者、首要分子、骨干成员、重要成员、积极参加者等要依法从严从重惩处，对于因为血缘、宗族原因参与相关犯罪行为，主要起到助威、制造声势作用的一般参加者和非组织成员，认罪悔罪态度好，应当根据情节依法从宽处理。对于因宗族、家族关系临时被纠集或受蒙蔽参加黑恶组织实施的违法犯罪活动或者仅提供帮助、支持、服务的人员，不宜认定为黑恶组织成员。在办案中既要考虑法律效果，也要考虑政治效果、社会效果，协调处理好发挥家族宗族在基层治理和经济建设中的积极作用与有效惩治家族宗族势力违法犯罪的关系。

问：对常见高发领域出现的黑恶犯罪，检察机关在惩治与预防等方面有哪些举措？

答：本批案例涉及的罗某明等人涉黑案、回某华等人涉黑案以及王某桓等人涉黑案，发生在开设赌场、高利放贷、市场流通等黑恶犯罪常见高发领域。总结实践经验和该类案件案发规律，检察机关对常见高发领域主要从以下两个方面加强惩治和预防工作：一是提升黑恶线索发现能力，坚持打早打小、露头就打。由于多种原因，这些常见高发领域滋生黑恶犯罪的土壤始终存在。近年来，检察机关会同公安机关提高黑恶犯罪线索发现能力和依法打击能力。我们注重发挥侦查监督与协作配合机制作用，加强黑恶类案件法律监督模型研发、推广运用，加强线索发现核查以及风险排查，对黑恶组织惯常实施的犯罪的警情、线索、案件，重点审查、串并分析、建模深挖，及时发现掌握乱生恶的动向、恶变黑的线索和信号，监督督促公安机关及时查处，确保打早打小。在日常工作中，检察机关不就案办案，注重在办理黑恶势力惯常实施的普通犯罪案件中发现涉黑涉恶案件线索，在提前介入侦查和退回补充侦查等办案活动中，注重引导公安机关深挖彻查，依法追诉漏罪漏犯，确保打准打透。本批案例都有这方面的经验做法。二是坚持以案促治和常态化预防。常态化扫黑除恶必须坚持标本兼治、惩防并举。检察机关在办理黑社会性质组织案件中，注重调研分析黑恶势力滋生的原因、规律，深入查找滋生黑恶势力背后的基层社会治理和行业管理漏洞，通过制发检察建议、建立联动工作机制等方式，协同执法部门、行业主管部门共同发力，共同破解社会治理和行业难题，提高社会治理能力和水平，切实提升人民群众的获得感、幸福感、安全感。

问：2024年中央首次对各省区市开展扫黑除恶常态化中央督导工作，检察机关下一步扫黑除恶有哪些重点工作？

答：开展扫黑除恶常态化中央督导是根据党中央统一部署，中央政法委牵头的一项重大专项工作，最高检党组高度重视，作为一项重要的政治任务认真落实，作为全国扫黑除恶斗争领导小组成员单位，也派出20余名政治素质强、业务能力过硬的同志参加督导工作，各级检察机关全力支持，积极配合、接受督导。针对督导中发现的检察机关办案履职和法律监督工作中存在的问题，我们将照单全收、逐个整改落实。下一步，检察机关将以此次中央督导为契机，进一步做好以下六个方面的工作：一是切实提高政治站位和思想认识，把牢常态化扫黑除恶斗争的正确方向。认真落实习近平总书记关于常态化开展扫黑除恶斗争的系列重要指示精神，坚决依法从严惩治涉黑恶犯罪，以抓实抓细常态化扫黑除恶的实际行动检验拥护“两个确立”。二是加强重点领域、重点案件办理，保持依法惩治力度。严格秉持“是黑恶一个不漏、不是黑恶一个不凑”的依法办案理念，将高质效办案落到实处。依法严惩宗族黑恶势力犯罪，依法严惩利用未成年人、在校学生实施黑恶犯罪，紧盯自然资源、工程建设、交通运输、金融放贷、黄赌毒等黑恶势力高发的传统领域，加大信息网络等新领域涉黑涉恶犯罪惩治力度。三是强化统筹，促进常态化扫黑除恶工作长效常治。推进各业务条线融合发展，加强捕诉部门与检察侦查部门协作配合，对涉黑涉恶案件实行逮捕起诉与检察侦查联合办案模式，依法查处司法工作人员相关职务犯罪，一体推进扫黑除恶与“破网打伞”。四是充分发挥法律监督职能，提升案件质量。加强立案监督、侦查活动监督和审判监督，着力解决有案不立、压案不查、有罪不究问题。坚持严格依法办案，坚持证据裁判、罪刑法定、疑罪从无，密切与公安机关协作配合，着力构建以证据为中心的指控体系，担负起指控和证明犯罪的主导责任。五是推动相关制度机制切实有效落实落地。严格落实省级院统一把关机制，真把关，严把关，实行案件化把关，真正做到“不漏不凑”。健全完善最高检挂牌督办案件指导办理机制，正确理解挂牌督办的意义，不能将挂牌督办片面理解为严办、拔高办，对较为重大复杂疑难案件实质化指导，以点带面，促进办案质效提升。六是加强常态化扫黑除恶队伍建设。推动各地检察机关持续加强扫黑除恶机构机制建设，加强扫黑除恶人才培养，管理、运用好近期建立的全国检察机关常态化扫黑除恶专家人才库，开展常态化扫黑除恶专题培训，提升队伍办案能力。

“在服务大局中贡献检察力量”典型案例发布说明

杜学毅[*]

为了便于大家全面了解检察机关以检察办案服务发展大局的具体情况，最高检从各地报送的相关案例中，选出7件作为“在服务大局中贡献检察力量”典型案例对外发布。这批典型案例，紧扣服务党和国家中心工作，体现了检察机关加强对各类市场主体依法平等保护，努力营造法治化营商环境，助力经济社会高质量发展的工作成效。这批案例都是检察机关2024年办结的案件，从涉及的检察履职环节来看，有惩治民营企业内部腐败犯罪、公职人员职务犯罪、保护国有企业财产权提起公诉的案件，监督撤案、监督解冻涉案财物案件，“刑事检察＋民事检察”一体化履职的案件，行政监督案件；从涉及领域来看，涉及民企内部腐败治理，打击矿产资源领域腐败，国企财产权的保护，合同纠纷案件办理，侵犯公民个人信息罪的认定，对涉案财物强制措施的监督，行政非诉执行监督等方面。具体来说：

案例一，郭某与北京A生态环境治理股份有限公司建设工程分包合同纠纷监督案，系检察机关在办理涉企“民刑交叉”监督案件时，“一案双查”综合履职案件。检察机关准确把握实质法律关系，跨区域检察一体联动协作，依法全面开展监督，坚决防止以刑事手段插手民

* 杜学毅，最高人民检察院经济犯罪检察厅厅长、一级高级检察官。

事纠纷。

案例二，史某某等人涉嫌侵犯公民个人信息案，系最高检挂牌督办案件。四级检察机关一体履职，严把法律政策界限，防止刑事打击扩大化，从保护新兴行业企业合法发展的角度，妥善处理案件。注重从个案监督向类案监督延伸，类案监督共撤案 128 人，监督返还涉案财产超过 2700 万元。

案例三，任某某受贿、滥用职权案，系检察机关办理的矿产资源领域党政领导干部腐败案件。检察机关做实提前介入，加强会商沟通，及时移交犯罪线索，形成全链条打击破坏生态环境犯罪工作合力。制发检察建议、组织庭审观摩，参与社会综合治理，扩大办案效果，在严厉打击矿产资源领域腐败问题的同时，坚持一体履职、综合履职，通过上下联动，“四大检察”同向发力，服务保障黄河流域生态保护和高质量发展。

案例四，王某等人职务侵占、非国家工作人员受贿案，系检察机关依法惩治民营企业内部人员，特别是民营企业高管、财务、采购、销售、技术等关键岗位人员实施侵害企业利益重大腐败系列案件。检察机关通过引导侦查追加认定犯罪数额至 1 亿余元，并依法追诉追漏、移送职务犯罪线索，同步追赃挽损 7000 余万元。

案例五，某化工企业冻结资金监督案，系对公安机关涉案财产强制措施监督。检察机关依法加大对违法查封、扣押、冻结企业财产、违法适用强制措施等的监督力度，监督纠正涉财产不当的强制性侦查措施，依法平等保护民营企业产权和企业家合法权益。

案例六，苗某某申请行政非诉执行监督案，系检察机关行政非诉执行监督案件。检察机关聚焦涉企业处罚主体不适格、过罚失当、非诉执行裁定违法等问题加大行政非诉执行监督力度，针对存在的“小错重罚”问题，充分发挥检察一体化办案优势，持续跟进监督、接续监督，推动相关部门变更处罚决定，并积极争取帮助申请人挽回损失、正常经营。

案例七，吴某、程某等人伪造、倒卖伪造的有价票证案，系保护国有企业财产权案件。针对公共交通领域伪造、倒卖有价票证等乱象，检察机关坚持打击与修复兼顾、治罪与治理并举，有力保障国有企业、人民群众财产安全。

持续推进习近平法治思想的检察实践，高质效办好每一个案件是检察机关的不懈追求。下一步，检察机关将持续发布有代表性、有影响力的典型案例，加大以案释法和法治宣传力度，及时通报检察办案服务发展大局的最新成果。

“在服务大局中贡献检察力量”典型案例 *

案例一　郭某与北京 A 生态环境治理股份有限公司建设工程分包合同纠纷监督案

【关键词】

民刑交叉　全面监督　跨区域履职　一体履职

【基本案情】

申请人郭某，长期作为多个劳务公司的委托代理人与北京 A 生态环境治理股份有限公司（以下简称北京 A 公司）签订劳务分包合同，涉及多省园林绿化工程。2017 年 11 月 15 日，北京 A 公司与其指定郭某挂靠的秦皇岛 B 建筑劳务有限公司（以下简称秦皇岛 B 公司）就河北雄安新区某造林劳务和养护项目签订建设工程分包合同，郭某为实际施工人。后因北京 A 公司拒不支付部分工程款人民币 59 万余元，郭某以此为由将北京 A 公司起诉至雄安新区容城县人民法院，并将秦皇岛 B 公司作为第三人，法院于 2021 年 3 月 15 日立案受理。同年 3 月 30 日，北京 A 公司向北京市公安局通州分局（以下简称北京通州公安分局）以郭某在与其合作的项目中实施诈骗为由报案，公安机关立案侦查。北京 A 公司向法院提供了《立案告知书》等相关材料。同年 5 月 13 日，容城县人民法院以本案当事人涉嫌刑事犯罪，公安机关

* 2025 年 2 月 18 日最高人民检察院印发。

已立案侦查为由裁定驳回郭某起诉。郭某提起上诉，河北雄安新区中级人民法院（以下简称雄安新区中院）裁定驳回郭某上诉。后郭某向河北省高级人民法院申请再审，法院裁定驳回郭某的再审申请。

【检察机关履职情况】

（一）民事监督情况

受理及审查情况。2023 年 3 月 21 日，郭某不服二审裁定向检察机关申请监督。河北省人民检察院雄安新区分院（以下简称雄安新区分院）受理该案后，经审查查明，一审、二审法院未对本民事案件与刑事立案之间的关联性进行实质审查；公安机关刑事立案后并未向受理民事起诉的法院出具书面函件；郭某申请二审法院向公安机关调取刑事立案不涉及雄安新区案涉项目的相关证据，二审法院未予准许。针对上述情况，雄安新区分院向北京通州公安分局发函核实，2023 年 6 月 1 日公安机关复函“受理且立案的案件中不涉及到雄安新区某造林劳务和养护项目”。

监督意见。根据《最高人民法院关于在审理经济纠纷案件中涉及经济犯罪嫌疑若干问题的规定》的相关规定，参考最高人民法院发布的相关案例，雄安新区分院认为，公安机关就涉嫌刑事犯罪立案侦查并不是人民法院裁定驳回民事案件原告起诉的充分条件。民事立案在先时，受诉法院对民事诉讼中受刑事控告的当事人是否具有刑事案件嫌疑负有审查的义务，且至少要达到“刑事立案机关需要说明理由附有关材料函告受理该案的人民法院”的程度。本案中，法院未依法调取相关刑事立案的证据，剥夺了当事人的正当诉讼权利，且有北京通州公安分局提供的新证据，足以证明公安机关未就本案涉及的雄安新区建设项目开展刑事立案调查，该案民事诉讼案件审理不应受北京 A

公司提交的相关刑事报案材料影响，符合再审条件。2023年6月20日，雄安新区分院向雄安新区中院发出再审检察建议。

监督结果。雄安新区中院于2023年9月1日回复检察机关采纳再审检察建议，将案件发回容城县人民法院重审。审理过程中，北京A公司辩称，本案所涉合同系该公司与第三人秦皇岛B公司所签订，该公司与郭某之间并无合同关系，对郭某挂靠秦皇岛B公司的情况并不知情。容城县人民法院经审理认为，郭某长期作为多个劳务公司的委托代理人与北京A公司签订分包合同，且合同中写明乙方为郭某，可认定北京A公司明知郭某为实际施工人，第三人秦皇岛B公司亦认可挂靠的事实，郭某作为原告诉讼主体适格。同时，根据北京通州公安分局提供的复函，公安机关刑事立案的案件未涉及本案所涉及的项目。据此，容城县法院对郭某的诉讼请求予以支持，判令北京A公司向郭某给付工程款，该判决现已履行完毕。

（二）刑事监督情况

受理及审查情况。雄安新区分院坚持“一案双查”，民事检察部门会同刑事检察部门，重点审查与民事案件关联的刑事立案是否存在违法情况。经审查，在近三年时间内，公安机关侦查活动未有实质进展，申请人曾多次向公安机关反映要求及时处理，亦未有明确结果。根据《人民检察院内部移送法律监督线索工作规定》，依托雄安新区分院与北京市通州区人民检察院（以下简称北京通州区院）签订的《协同高质量发展合作共建框架协议》，雄安新区分院依法将该线索移送北京通州区院。

北京通州区院接到监督线索后，经调查审查发现，2021年8月，公安机关补充调取最后一份证据材料后，侦查卷宗内未发现关于案件阶段性处理结论、案件进展的材料、相关书证调取形式要件也不符合规定。针对上述问题，检察机关向公安机关发函问询。围绕本案的重要事实，检察机关多次向承办民警、郭某及其辩护律师调查核实。

监督意见。经调查审查，检察机关认为在已经穷尽侦查手段的情况下，该案罪与非罪的关键事实仍无法查清，符合《最高人民检察院、公安部关于公安机关办理经济犯罪案件的若干规定》的撤案条件。

监督结果。2024年6月21日，北京通州区院召开公开听证，邀请区人大代表、特约监督员担任听证员，郭某及其委托律师、公安机关相关负责同志参加，听证会以案件事实和相关法律规定切入，充分保障当事人在检察监督环节发表意见，并就案件争议问题进行耐心细致的释法说理。经评议后，北京通州区院作出最终结论，本案符合撤案条件，同年6月24日向北京通州公安分局制发《通知撤销案件书》。同时，制发书面监督文书，依法监督纠正侦查活动违法。

【典型意义】

（一）办理涉企“民刑交叉”监督案件，要准确把握实质法律关系，充分保障当事人的起诉权，坚持“一案双查”综合履职，依法全面开展监督。涉企“民刑交叉”监督案件法律关系多样，事实证据复杂，检察机关内部各部门要加强信息沟通、信息移送、人员协作，坚持“一案双查”，依法全面监督。围绕涉企“民刑交叉”案件中的民事法律关系要开展实质审查，对于与刑事案件并无实质关联且不影响刑事裁判的民事案件，不应以“先刑后民”为由一概不支持民事诉讼请求。对于法院作出的不支持裁定，依法及时跟进监督法院纠正，有力维护当事人的起诉权。在审查民事监督案件的同时，要注重加强对所关联的刑事立案、侦查活动的监督，发现有利用刑事手段插手经济纠纷或其他侵犯企业合法权益的情形，民事检察部门应及时将线索移送刑事检察部门，协同加强监督，形成监督合力。

（二）办理涉企跨区域监督案件，依托检察跨区域司法协作机制，坚持联动协作一体履职，依法接续开展监督。涉企跨区域监督案件涉及多地检察机关，容易存在沟通不畅、机制不顺等问题。破解这些监督难题，检察机关要牢固树立“一盘棋”思想，依托京津冀检察联动协作等区域协作机制，发挥检察机关区域合作协议作用，加强工作信息共享互通，监督线索高效移送，人员力量协同互动，推动检察监督接续发力持续用力，协同保护企业合法权益。

案例二　史某某等人涉嫌侵犯公民个人信息案

【关键词】

监督撤案　一体履职　类案监督　新兴业态

【基本案情】

天津 W 科技有限公司（以下简称 W 公司）的史某某等人研发投放助贷 App 和 H5 网页，吸引有贷款意向的用户填写个人信息，并将上述信息提供给线下信贷机构和贷款中介，为双方提供信息服务，并收取费用。2023 年 3 月 11 日，H 省 Y 县公安局对史某某等人以涉嫌侵犯公民个人信息罪立案侦查。同年 3 月 17 日，Y 县公安局抓获史某某等 19 人，冻结公司相关账户资金 1572 万余元，并扣押史某某、任某某存单、手机等财物。同年 3 月 18 日，史某某等 12 人被 Y 县公安局以涉嫌侵犯公民个人信息罪刑事拘留。3 月 22 日，任某某等 7 人被 Y 县公安局取保候审。

2023年4月17日，公安机关对被羁押的史某某等12人提请批准逮捕，Y县检察院审查认为史某某等12人构成侵犯公民个人信息罪证据不足，对史某某等人不予逮捕不致发生社会危险性，遂作出不批准逮捕决定。2023年9月20日，公安机关将史某某等19人以侵犯公民个人信息罪移送起诉。

2024年6月14日，最高检将此案列为重点交办案件，四级检察机关同步展开工作。2024年9月2日至6日，最高检派出工作组赴H省阅卷审查、现场督导本案。Y县检察院经审查认为，本案犯罪嫌疑人的行为不构成侵犯公民个人信息罪。经检察机关依法监督，公安机关于2024年9月26日撤销案件，全部解除查扣冻并全额返还涉案财物。

【检察机关履职情况】

（一）依法准确作出不批准逮捕决定。公安机关对史某某等人提请批准逮捕后，检察机关依法全面审查证据，听取辩护律师意见，认为该案证据不足，并且涉案人员归案后积极配合公安机关开展工作，供述了主要涉案事实，公安机关已将涉案公司的电脑、财务账本等物证、书证予以扣押，不存在当事人销毁证据的风险，不予逮捕不致发生社会危险性，检察机关依法对该案作出不批准逮捕决定。

（二）依法对公安机关涉案财物查扣冻措施实施监督。公安机关在办理该案过程中，冻结了相关公司账户1500余万元、涉案个人暂扣款180余万元以及金条等其他财物物品。检察机关经过梳理，对经查明确实与案件无关且权属明确的财物，及时向公安机关提出处理意见，督促公安机关及时解除查封、扣押、冻结，予以退还。

（三）依法严格审查事实证据，准确把握罪与非罪界限。案涉助贷行业是近年来金融服务市场新兴领域，其作为数字经济新兴业态，整体上规范性不足。检察机关在该案办理中，从涉案公司收集个人信息的流程、所收集个人信息的用途、客户的授权范围、该公司及下线公司有无利用收集的信息从事违法犯罪活动等方面，全面审查是否存在侵犯公民个人信息的情况。经全面细致审查证据，检察机关认为，涉案平台仅面向有贷款意向公民收集信息，且明确告知会将有贷款意向公民个人信息分享、提供给第三方，并具体列举了第三方的范围，因此用户对其信息可能会提供给与贷款相关的第三方是知情、同意并已授权的；涉及的公民个人信息仅在助贷行业内部流转，未超过客户授权范围向超出贷款用途的其他主体提供或提供他人用于违法犯罪活动，因此该公司开展助贷业务本质上仅为提供信息匹配服务，系在自然人同意的范围内合理处理公民个人信息，不构成侵犯公民个人信息罪。经依法监督，公安机关撤销案件。

（四）开展关联案件梳理排查，实现类案监督。H省检察院、Y市检察院在督办本案时，对当地同类型案件一并梳理研究，发现Y市其他基层检察院在办理2件经营模式相似的关联案件。H省检察机关从史某某等19人案出发，实现类案监督，合计监督撤案128人，监督返还涉案财产超过2700万元，依法保障了涉案企业及人员的合法权益。

【典型意义】

（一）办理新技术新业态案件时应依法准确甄别罪与非罪界限。对有罪无罪、此罪彼罪、罪轻罪重的证据应当全面细致审查，根据在案证据准确认定案件事实，善于从纷繁复杂的法律事实中准确把握实质法律关系，善于从具体法律条文中深刻领悟法治精神，准确把握罪与非罪、违法与犯罪的界限。严把法律政策界限，防止刑事打击扩大化，从保护新兴行业企业合法发展的角度，妥善处理案件，切实保障办案政治效果、法律效果、社会效果，善于在法理情的有机统一中实现公平正义。

（二）检察上下一体联动，注重开展类案监督。充分发挥检察一体化办案优势，上下级检察机关加强联动，形成办案合力。注重从个案监督向类案监督延伸，善于从案件中发现类型化问题，扩宽监督工作实效。

案例三　任某某受贿、滥用职权案

【关键词】

矿产资源领域职务犯罪　监检协作　一体履职　综合治理

【基本案情】

2019年7月至2023年4月，被告人任某某利用担任S省L县委常委、副县长职务上的便利以及职权或者地位形成的便利条件，通过其他国家工作人员职务上的行为，为他人在土地手续办理、工程项目承揽等方面谋取利益，非法收受他人财物共计人民币425万余元。

2019年7月至2020年12月，被告人任某某在担任L县委常委、副县长、县严厉打击非法违法用地用矿专项行动领导小组组长期间，擅自许可他人开采黄砂，纵容默许非法采砂，授意安排和擅自决定对非法采砂人杨某某、马某等人不予追究或从轻处罚，造成国家矿产资源损失人民币198万余元。

2023年9月28日，Y市监察委员会以任某某涉嫌受贿罪、滥用职权罪向Y市检察院移送审查起诉。经依法指定管辖，2023年10月

7日，Y市检察院将本案交R县检察院办理。2023年11月10日，R县检察院以任某某涉嫌受贿罪、滥用职权罪向R县法院提起公诉。2024年3月29日，R县法院以任某某犯受贿罪，判处有期徒刑六年六个月，并处罚金人民币五十万元；犯滥用职权罪判处有期徒刑二年，数罪并罚，决定执行有期徒刑六年十个月，并处罚金人民币五十万元。一审判决后，任某某未上诉，判决已生效。

【检察机关履职情况】

（一）做实提前介入工作，准确认定损失数额。2023年9月22日，Y市监察委员会书面商请Y市检察院提前介入任某某涉嫌受贿、滥用职权罪一案。Y市检察院、R县检察院检察人员共同审查案卷、听取案情介绍，梳理分析相关证据材料。经审查发现，滥用职权犯罪事实中采用三角网法和断面法两种计算方式得出差额取砂量不一致，采取不同计算方式影响滥用职权造成损失数额认定。故检察机关建议监察机关进一步了解情况，准确认定采砂数量。监察机关经向测量公司调取书面说明，认定采取三角网法计算更接近实际采砂量。结合价格鉴定意见，准确认定本案滥用职权造成的损失数额。

（二）净化自然资源领域生态，全链条打击矿产资源领域违法犯罪。监察机关调查期间，经会商研讨，将发现的非法采矿犯罪线索移交公安机关立案侦查后，公安机关将涉嫌非法采矿、掩饰隐瞒犯罪所得犯罪的12案30人移送审查起诉，上述被告人被判处六个月至四年一个月不等刑罚，依法追缴违法所得34.3万元。针对办案发现的L县自然资源局在管人用人、党风廉政建设等方面存在的问题，及时制发检察建议，督促在加强国土资源管理、有效预防犯罪方面完善制度机制，提升履职能力。

（三）组织庭审现场观摩，扩大办案效果。综合考虑任某某具有自首、认罪悔罪、全额退赃等量刑情节，经征求监察机关意见，对任某某适用认罪认罚从宽制度。2024年3月29日，任某某受贿、滥用职权案开庭审理期间，配合审判机关组织Y市区及L县政府、公安机关及部分行政机关工作人员观摩庭审。庭审现场，公诉人阐释了受贿、滥用职权犯罪的社会危害性及严厉打击矿产资源领域犯罪的必要性。最后陈述阶段，被告人任某某作出深刻忏悔。通过庭审观摩，以案释法，取得了较好的警示教育效果。

【典型意义】

（一）充分发挥提前介入实质性作用。检察机关在办理职务犯罪案件过程中，加强与监察机关的会商沟通、衔接配合，在准确审查滥用职权犯罪过程中是否存在徇私舞弊情节，滥用职权行为与造成矿产资源损失之间是否存在刑法上的因果关系并进行充分论证的同时，就矿产资源损失是否已达到“情节特别严重”的证据进行重点审查，针对因测量方式不同得出取砂量不同的问题及时向专业机构补充调取证据，完善证据链条，夯实滥用职权犯罪的证据基础。

（二）加强一体化履职工作，有效提升矿产资源领域违法犯罪综合治理质效。共同抓好大保护，协同推进大治理。检察机关切实加强与监察机关的协作配合，在高质效办理党政机关工作人员涉嫌在黄河水资源保护中的贿赂、渎职案件的同时，及时参与会商、移交线索、果断查处，坚决惩治非法采砂等破坏环境资源犯罪。注重系统观念，树牢“一盘棋”思想，通过跨区域一体履职，对造成矿产资源破坏的，做好追赃挽损工作，统筹推进资源保护与经济社会高质量发展。

（三）依法综合履职，各项检察职能统筹发力、协调互补，为反腐败大局贡献检察力量。通过沟通协商、检察建议等方式督促行政机关工作人员依法履职尽责，对破坏黄河流域生态环境的犯罪行为“零容忍”，做到打击非法采矿工作常态化。有针对性地开展庭审观摩活动，通过“零距离”观摩法庭调查、法庭辩论、被告人陈述，用好反腐倡廉这一重要课堂，督促公职人员以案为鉴，依法履职、自省自警。

案例四　王某等人职务侵占、非国家工作人员受贿案

【关键词】

民营企业内部腐败　分类处置　移送线索　行刑反向衔接

【基本案情】

被告人王某，男，原系上海某信息技术有限公司法政事务部总经理。

2014 年 11 月起，被告人王某就职于上海某信息技术有限公司（以下简称上海某公司），历任高级总监、副总经理、总经理，负责法政事务部日常工作、团队管理、上海某公司及其旗下公司法务工作，包括处置维权诉讼案件等事务。

2016 年至 2020 年间，被告人王某以非法占有为目的，利用职务上的便利，单独或伙同陈某等人，将上海某公司及其关联公司的钱款非法占为己有，金额共计人民币 1.19 亿余元。

2016 年 12 月至 2021 年 7 月，被告人王某利用职务便利，伙同同案关系人陈某，在为其实控的北京某科技发展有限公司获取上海某公

司下属公司授权的过程中，以居间感谢费的名义，收取覃某某给予的好处费，共计 4000 万元；另被告人王某在同案关系人陈某、郑某、韩某获取维权案件授权、文学作品版权授权等事项过程中，索取或非法收受上述人员给予的财物，共计 100 万余元。

2021 年 12 月 24 日，上海市公安局浦东分局（以下简称浦东公安分局）以王某涉嫌职务侵占罪、非国家工作人员受贿罪移送上海市浦东新区人民检察院（以下简称浦东检察院）审查逮捕，同年 12 月 30 日，浦东检察院批准逮捕王某，并追加起诉陈某、刘某等人。2023 年 1 月 18 日，浦东检察院以王某犯职务侵占罪、非国家工作人员受贿罪提起公诉；后分别对陈某以职务侵占罪，非国家工作人员受贿罪，掩饰、隐瞒犯罪所得罪，对非国家工作人员行贿罪提起公诉；对刘某等人以掩饰、隐瞒犯罪所得罪，非国家工作人员受贿罪等罪名提起公诉；对自首、认罪认罚、退赃退赔的侯某涉嫌掩饰、隐瞒犯罪所得罪作出相对不起诉决定，并向浦东公安分局制发《检察意见书》，建议对其作出行政处罚。

2023 年 12 月 15 日，上海市浦东新区人民法院作出一审判决，以职务侵占罪、非国家工作人员受贿罪，数罪并罚，判处被告人王某有期徒刑十六年，并处没收财产人民币二百六十万元；2024 年 5 月 12 日，上海市第一中级人民法院二审裁定驳回上诉，维持原判。其余被告人分别因上述指控罪名被判处有期徒刑三年至十五年不等。

【检察机关履职情况】

（一）全流程引导侦查，全面、准确认定犯罪事实、金额。王某多次以合法的委托维权协议为幌子，在上海某公司不知情的情况下私自维权并收取赔偿金，涉及第三方公司较多，手段较为隐蔽，王某拒不供认犯罪。浦东检察院应邀提前介入侦查，引导公安机关从赔偿金归属、资金去向和关键证人入手进行突破，固定证明其利用职务上的便利侵占本单位财产3400万元、收受贿赂50万元相关犯罪事实的证据。公安机关提请对王某批准逮捕，浦东检察院依法作出批准逮捕决定，并制作详细的侦查提纲，引导公安机关收集第三方公司人员金某某、潘某等十余名证人证言，并查证资金回流等客观证据，证实王某侵占的钱款系上海某公司确定可得的财物，财物也并未用于上海某公司公关活动，形成完整证据链条。据此，追加认定王某职务侵占金额为1.19亿元、非国家工作人员受贿金额为4100万余元，涉及的第三方公司由3家增加至11家。

（二）全面惩处关联犯罪，防止利用刑事手段插手经济纠纷。一方面，检察机关深入审查关联职务犯罪线索。王某多次采取先刑事报案后向被维权公司索要赔偿款的方式侵吞公司钱款，浦东检察院倒查后发现执法人员陈某为王某多起私自维权案件的承办人或关联执法人员，遂引导公安机关从陈某入手，查证其利用职权帮助王某启动维权程序的事实，建议公安机关补充移送起诉陈某与王某共同职务侵占等犯罪事实，并以此为切入口，通过王某资金流向倒查，排摸出多地多名公职人员参与其中，遂向监察委移送线索，现已立案4件4人。另一方面，检察机关以追赃挽损为切入口追诉漏罪，引导公安机关向关联账户持有人发出赃款警示，督促相关人员主动交代。王某妻子刘某主动到案并如实交代其明知王某给予的钱款性质，仍将现金用于存现后买房，追加认定其构成掩饰、隐瞒犯罪所得罪，候某主动到案交代其掩饰、隐瞒王某犯罪所得的事实。据此，引导公安机关通过查封房产、冻结关联账户等方式，追赃到位7450万元，督促相关人员退出违法所得200余万元。

【典型意义】

（一）坚持证据裁判规则，从严惩处民营企业内部腐败案件。对通过委托协议等方式包装隐蔽的民营企业内部重大腐败系列案件，检察机关要坚持证据裁判规则，充分重视并逐一审查被告人供述和辩解，以其供述和辩解的矛盾点作为突破口，调取公司财务制度规范、财务报表记账规则等客观书证，询问关键证人，紧扣资金流向这一关键，形成相互印证的完整证据锁链，逐一推翻被告人辩解，全面准确认定犯罪事实。

（二）坚持全面审查原则，依法追诉漏罪、移送职务犯罪线索，分类处置关联犯罪案件。民营企业内部重大腐败案件的发生，通常存在内外勾结和多人配合的情况。检察机关应坚持全面审查，系统梳理系列案件犯罪人员结构及各自地位、作用，依法追诉漏犯漏罪，分类处置。对公职人员与民营企业内部人员相互勾结，敏锐发现以刑事手段插手经济纠纷的情况，依法及时向监察机关移送行受贿犯罪线索，从严惩处关联职务犯罪案件。对于认罪认罚、主观恶性不大、情节较轻的人员，依法作出相对不起诉决定，并做好行刑反向衔接工作。

案例五　某化工企业冻结资金监督案

【关键词】

提前介入　资金解冻　协作配合　综合治理

【基本案情】

2023年5月11日至31日，潘某某等人使用非法获取的山东某化工有限公司、青岛某石油化工有限公司等公司资质，在东明某化工企业开设购油账户，然后以购油款名义汇入东明某化工企业公司账户5468.6万元，其中涉诈资金2059.67万元，再将所购油品出售回款，以达到“洗白”电信诈骗所得赃款的目的。东明某化工企业在油品交易过程中并不明知资金性质及来源，系正常经营行为。因有涉诈资金汇入，公司账户先后被多家外地公安机关冻结，账户内24亿余元经营资金无法使用，公司正常生产经营活动受到严重影响。

山东省菏泽市东明县检察院接东明县公安局商请后，第一时间启动侦查监督与协作配合机制，提前介入侦查引导取证，打击犯罪与保障企业正常生产同步进行。对涉嫌犯罪的潘某某等14人依法批捕、起诉。检警密切协作，共同梳理有关资金往来，与反诈平台数据碰撞比对，确定正常交易资金。24亿余元冻结资金顺利解冻，确保了企业正常生产经营。

目前，已有11名被告人分别被判处有期徒刑五年至六个月不等刑罚，并处罚金。

【检察机关履职情况】

（一）提前介入侦查，帮助解冻资金。公安机关立案侦查后，菏泽市检察院指导组靠前指导，会同东明县检察院积极引导公安机关收集、固定、完善证据，对发破案经过、资金流转、人员责任、犯罪后果等方面提出补强证据意见，彻底排除东明某化工企业涉案嫌疑。根据《最高人民检察院、公安部关于公安机关办理经济犯罪案件的若干规定》《公安机关办理刑事案件适用查封、冻结措施有关规定》《公安机关办理刑事案件程序规定》等，查封、扣押、冻结以及处置涉案财物，应当依照法律规定的条件和程序进行，不得超权限、超范围、超数额、超时限查封、扣押、冻结，并注意保护利害关系人的合法权益。经分析研判认为，该企业账户存在被超额冻结、整体冻结等不当冻结情形，被冻结人救济权利渠道不畅通，导致企业资金周转困难。为此，检察机关根据《中华人民共和国刑事诉讼法》第一百四十五条的规定，提出先行解除冻结东明某化工企业公司账户的建议，公安机关派出12个工作组分赴各地协商解除资金冻结，2023年6月4日至24日，东明某化工企业24亿余元资金先后解冻，企业恢复正常经营。

（二）强化案件办理，推动数字监督。案件受理后，检察机关迅速启动涉企案件办理绿色通道，明确案件难点、争议焦点和办案方向。围绕案件具体事实，坚持主客观相一致原则，深入研判案情，根据犯罪嫌疑人的主观明知、行为性质、情节、后果以及对上游犯罪的作用等因素，依法认定罪名，确保罪责刑相适应，做到不枉不纵、不错不漏，以潘某某等14人涉嫌掩饰、隐瞒犯罪所得罪，帮助信息网络犯罪活动罪向东明县法院提起公诉。办案中，深入分析电信网络犯罪的跨区域和隐蔽性特点，充分运用府检联动优势，经与公安、市场监管等部门对接，着眼对石化行业合法经营的长远保护，构建石化行业购销“幌子公司”监管治理专项监督模型，发现监督线索20余条。

（三）注重案后治理，释放履职效能。针对东明某化工企业在经营中存在对涉诈资金流入企业危害性认识不足、账户被冻结风险点尚未彻底消除、管理机制不健全等问题，检察机关组建工作专班与东明某化工企业座谈，帮助企业对2023年以来与其他企业发生资金往来全部账户进行梳理，及时排查风险隐患。深入该企业开展走访调研、法治宣讲，帮助规范完善大额交易对象资质审查等相关机制。对在办案中发现的企业共性问题或可能存在的行业潜在风险，及时向有关主管部门制发检察建议，推进行业治理。联合县工商联制发《致全县石油化工企业的公开信》，引导企业加强日常反诈防范。

【典型意义】

（一）强化对涉财产强制措施的全流程监督，保障企业正常经营。在办理涉企案件时，检察机关应当健全完善全流程规范监督体系，构建从适时介入侦查引导取证、案件受理直至案件办结的全流程规范监督机制。依法加大对违法“查扣冻”企业财产、违法适用强制措施等趋利性执法司法行为的监督力度，深挖趋利性执法司法线索，依法履行法律监督职责，监督纠正对涉案财产违法采取查封、扣押、冻结措施，依法平等保护民营企业产权和企业家合法权益，以检察监督保障企业正常经营。

（二）深化新型电信网络犯罪案件的检警协作配合，延伸跨区域案件监督触角。电信网络犯罪频发高发，导致跨区域刑事案件愈来愈多，公安机关异地办案协作逐渐成为常态。检察机关对发现外地公安机关侦查活动中不规范、不适当之处，应当发挥侦查监督与协作配合机制，通过公安机关的内部联动，构建侦查监督与协作配合的区域协同、异地联动新格局，实现对异地不规范侦查活动的监督责任，保障案件高质效办理。

案例六　苗某某申请行政非诉执行监督案

【关键词】

行政非诉执行监督　上下联动　跟踪问效　推进治理

【基本案情】

2021 年 4 月 6 日，河南省鹤壁市市场监督管理局（以下简称市场监管局）向鹤壁市淇滨区某餐饮店作出 8 万元的行政处罚，原因是餐饮店户外灯箱使用绝对化广告，宣传用语“秘制配方最正宗的鲜虾锅底”，以及菜单上有表明牛肉功效的宣传广告，对消费者造成误导。该餐饮店经营者苗某某在缴纳罚款 1 万元后，未再缴纳剩余罚款。2022 年 1 月 4 日，市场监管局向鹤壁市淇滨区人民法院（以下简称淇滨区法院）申请强制执行剩余罚款 7 万元和加处罚款 8 万元。2022 年 1 月 6 日，淇滨区法院裁定准予强制执行，冻结该餐饮店及经营者苗某某银行存款，查封苗某某名下房产 1 套，并将苗某某纳入失信被执行人名单。2022 年 5 月 25 日，苗某某因对淇滨区法院的执行裁定及市场监管局处罚决定不服，到鹤壁市淇滨区人民检察院（以下简称淇滨区检察院）12309 检察服务中心信访，要求检察机关依法监督。

【检察机关履职情况】

（一）深入调查核实，找准案件症结。为切实维护企业经营者的合法权益和企业的正常经营，淇滨区检察院组建工作专班，开展调查核实工作。通过查阅法院及行政处罚卷宗、询问当事人、实地走访、查询企业信用信息公示系统，淇滨区检察院认为，某餐饮店虽然使用绝对化用语和牛肉功效用语，但牛肉功效用语只表明了牛肉材质的属性，未表明其有疾病治疗功能，是否违反《中华人民共和国广告法》第十七条规定，没有充分证据证明，且未对外界造成影响，情节较为轻微、持续时间较短、社会危害性较小，其上述行为发生在疫情期间，餐饮店生存压力较大，市场监管部门作出的 8 万元的行政处罚存在明显失当；淇滨区法院行政庭在该餐饮店已经注销的情况下，准予对其强制执行，存在违规情形。

（二）制发检察建议，一体接续监督。2022年8月5日、8月30日，淇滨区检察院依法先后向淇滨区法院、鹤壁市市场监管局制发检察建议。检察建议发出后，淇滨区法院、鹤壁市市场监管局虽书面复函表示采取相关措施改进，但未进行实质性整改。2023年7月3日，淇滨区检察院提请鹤壁市检察院对该案进行跟进监督。2023年7月12日，鹤壁市检察院分别向鹤壁市中级法院、鹤壁市市场监管局发出检察建议，建议鹤壁市中级人民法院督促淇滨区法院撤销原行政执行裁定，建议鹤壁市市场监管局撤销原行政处罚决定书、依法重新作出处理。在两级检察机关的接续监督下，淇滨区法院作出撤销强制执行的裁定，对涉案房产解除查封，将苗某某从失信被执行人名单中移除；鹤壁市市场监管局以处罚主体不适格、行政处罚裁量过罚失当为由，撤销原行政处罚决定，并对该餐饮店经营者苗某某重新作出罚款1万元的行政处罚决定，从源头有效化解了信访矛盾。

（三）积极跟踪回访，确保案结事了。为真正实现案结事了人和，检察官主动到其餐饮店回访。餐饮店经营者苗某某表示虽然市场监管局和法院的问题解决了，但银行仍以其有未履行义务的案件信息为由拒绝放贷，淇滨区检察院及时与淇滨区法院、鹤壁市市场监管局进行沟通，组织召开协商会议，共同配合出具了相关证明材料，帮助苗某某从银行取得贷款，重新恢复生产经营。2024年1月，苗某某的餐饮店重新注册开张营业，扩大了经营面积，经济效益良好。至此，困扰信访人苗某某三年之久的案件最终得以彻底解决。

（四）开展专项行动，推动社会治理。2024年，鹤壁市检察院12309检察服务中心开辟法律服务民营企业“绿色通道”，并以此案件办理为切入点，在全市部署开展涉企“小过重罚”行政检察专项监督，运用大数据数字模型检索出涉企“小过重罚”线索 32 条。经进一步调查核实，已办理行政非诉执行监督 10 件，行政生效裁判监督 1 件，移送行政机关自行纠错 5 件。

【典型意义】

（一）坚持维护企业合法权益与监督促进治理相结合，全面审查行政行为的合法性、必要性、适当性。本案中，检察机关针对涉企业处罚主体不适格、过罚失当、非诉执行裁定违法等行为加大行政非诉执行监督力度，积极践行穿透式监督理念，从法律事实中准确把握实质法律关系，探究行政违法的深层次问题，通过案件办理促进人民法院、行政机关共同转变理念，改进司法执法方式，形成保障经济健康发展、优化营商环境的法治合力。

（二）坚持各类市场主体诉讼地位平等、法律适用平等，营造平等保护、公平公正的法治环境。检察机关对各类经营主体一视同仁对待、依法平等保护，在办理涉小微企业行政诉讼监督案件中，针对存在的“小过重罚”问题，充分发挥检察一体化办案优势，持续跟进监督、接续监督，推动相关部门变更处罚决定，并积极争取帮助申请人挽回损失、正常经营。

（三）积极践行新时代“枫桥经验”，推动涉企信访矛盾实质性化解。检察机关立足 12309 检察服务中心涉企业“绿色通道”，完善涉企信访案件受理、分流、办理程序，运用领导包案、面对面接访等措施，及时受理、回应企业法律诉求，妥善办理涉企案件。案件办结后，坚持综合履职做好“后半篇文章”，不断加强跟踪问效，协调相关行政职能部门召开联席会议，制定解决小微企业实际困难的可行性方案，推动行业系统治理，优化企业经营环境。同时，引导小微企业强化合法经营意识，主动排查经营风险，以法治之力激发发展动能。

案例七　吴某、程某等人伪造、倒卖伪造的有价票证案

【关键词】

有价票证　追赃挽损　检察建议　前端治理

【基本案情】

被告人吴某，1979 年 2 月 7 日出生，硕士研究生，因犯伪造、倒卖伪造的有价票证罪，于 2022 年 7 月 26 日被判刑。

2023 年 5 月至 8 月间，被告人吴某、程某共谋伪造重庆轨道交通有限公司（国有控股，以下简称轨道公司）与重庆城市通卡支付有限公司（国有独资，以下简称通卡公司）的公交轨道票卡并销售牟利。吴某在家中共伪造公交票卡 1392 张，票面总价值 90 余万元，全部销售给程某并收取现金 13 万余元。程某购得伪造票卡后，再加价销售给魏某、李某等人。共造成轨道公司、通卡公司损失 23.5 万余元，购卡群众损失 16.5 万余元。另查明，被告人吴某曾于 2021 年左右伪造票面价值总额为 8919 元的公交票卡并销售给张某（另案处理）。

2023 年 8 月 31 日，重庆市九龙坡区检察院（以下简称九龙坡区检察院）派员提前介入侦查。2023 年 11 月 8 日，重庆市公安局轨道交通分局侦查终结，以吴某、程某等 4 人涉嫌伪造、倒卖伪造的有价票证罪移送审查起诉。2024 年 3 月 21 日，九龙坡区检察院以吴某、程某等 4 人涉嫌伪造、倒卖伪造的有价票证罪提起公诉。

2024 年 6 月 25 日，重庆市九龙坡区人民法院以伪造、倒卖伪造的有价票证罪判处吴某、程某等人有期徒刑九个月至一年十个月不等，并处罚金 10 万元至 40 万元不等。

【检察机关履职情况】

（一）立足实物证据深挖关联证据。吴某曾因同种犯罪被判刑，反侦查能力强，在侦查机关 8 次讯问均系“零口供”。作案时吴某与倒卖人员联系交易使用加密通讯软件，刻意避免与销售端接触。虽然侦查机关从吴某家中查获 10 万余元现金，但无法证明该笔现金系吴某销售伪造票卡所得。鉴于此，九龙坡区检察院提前介入引导侦查机关调取程某银行取款记录中的人民币冠字号，与在吴某家中查获的现金冠字号进行逐一比对，以物证现金锁定了吴某的涉案关联性。审查逮捕阶段，检察官巧妙运用讯问技巧，在讯问过程中突破吴某心理防线，获取吴某到案以来首次有罪供述，夯实证据锁链。

（二）全阶段开展追赃挽损。九龙坡区检察院坚持以案促治，构建“案中预警 + 依法打击 + 快速追赃”的全方位保护机制：提前介入阶段，九龙坡区检察院发现涉案伪造票卡仍在社会流通，遂立即协同公安机关研判查扣在案伪造票卡的序号、特征，并第一时间向轨道公司、通卡公司通报，预警停止使用全部涉案票卡，防止国有资产进一步流失。审查起诉阶段，九龙坡区检察院加强释法说理，敦促吴某等人退赃，弥补国有资产损失 23.5 万余元，挽回不知情购卡群众财产损失 16.8 万余元，实现全额退赃的办案效果。

（三）依法追加认定遗漏事实。吴某曾因伪造、倒卖有价票证罪被判刑，在审查本案时，九龙坡区检察院发现在案证人张某与吴某之间存在转款记录，遂引导侦查机关补充讯问吴某、询问张某，调取微信转账记录流水等证据，成功锁定了吴某另于2021年伪造票面价值总额为8919元的公交票卡并销售给张某的犯罪事实，并依法补充指控至法院。与此同时，九龙坡区检察院依法监督公安机关依法对张某倒卖有价票证的犯罪行为立案侦查。

（四）结合个案办理加强犯罪预防。九龙坡区检察院开展实质性调研分析，深入研究犯罪缘由及漏洞机理，提升检察建议的针对性：一是调取分析涉案企业内部票务管理等企业内部规定；二是通过专家论证、走访询问等方式调研摸排，发现票务监管、票卡防伪等薄弱环节；三是结合交通运输部《城市轨道交通客运组织与服务管理办法》等规章制度，提出聚焦票务伪造问题细化监管举措、加快CPU卡替换M1卡工作效率、整合资源抓好宣传警示工作等建议。涉案企业收到检察建议后立即开展全范围整改，对轨道一卡通系统进行升级。跟踪落实阶段，九龙坡区检察院协同涉案企业制作以案释法视频，在主流媒体上宣传警示，从源头上减少伪造、倒卖票证类违法犯罪行为的发生。

【典型意义】

（一）注重运用实物证据，循线深挖关联证据、夯实证据链条。对于侦查阶段“零口供”案件，检察机关要坚持系统思维，加强对在案证据的审查运用，立足在案实物证据开展关联审查，循线深挖关联性证据。重视讯问技巧，善于综合人物经历、社会背景、性格特征等对被告人精准画像，有针对性地采取讯问策略，有效突破口供。全面贯彻证据裁判规则，在证据审查基础上引导补充侦查或自行补充侦查，构建证据体系，从而实现精准指控。

（二）抓小抓早抓苗头，靠前预警堵塞漏洞、全额追赃挽损。公共交通领域伪造、倒卖有价票证类案件具有点状性、散发性等特点。检察机关办理该类案件，要注重研判伪造票卡序号、特征、来源，剖析犯罪分子所利用的漏洞机理，及时向被害单位发出预警，把风险化解在萌芽阶段。案件办理过程中，强化释法说理和法治教育，充分释放认罪认罚从宽制度功效，促推被告人认罪认罚、主动退赃，实现打击与修复的双重效果。

（三）坚持以案促治、前端预防，为公共服务类企业提供有力的司法保护。制发检察建议要坚持质量先行，规范检察建议的调查、审核、制发、跟踪落实等程序，开展实质性地调查走访与核实工作，立足案件深入分析犯罪缘由，抓好检察建议的论证说理，做到精准把脉、对症施方，更好发挥检察建议助力保护企业健康发展的效能。要积极协同涉案企业开展举案明法、以案释法等宣传警示活动，提升普法警示效果。